Finanzen nebenbei

555 Tipps & Tricks für mehr Geld & Sicherheit

THOMAS HAMMER

Stiftung Warentest

SO FUNKTIONIERT DAS BUCH

Sie sind in Gelddingen komplett unerfahren? Macht nichts! Um mehr aus Ihrem Geld zu machen, müssen Sie weder ein wirtschaftswissenschaftliches Studium absolviert haben noch zum Geldexperten mutieren – denn es geht auch ganz einfach und mit wenig Mühe. Gesunder Menschenverstand, realistische Planung und etwas Rechenarbeit genügen, um ganz nebenbei mehr Geld in der Tasche zu haben und sich gegen die wichtigsten Lebensrisiken abzusichern. Auch wenn Finanzen für Sie ein Buch mit sieben Siegeln sind, brauchen Sie keine Berührungsängste zu haben: In diesem Buch erfahren Sie einfach und unterhaltsam, wie Finanzprodukte funktionieren und wie Sie mit geringem Aufwand Ihre Finanzen im Griff haben.

Risiken nach dem Zufallsprinzip eingehen? Sich von den Hochglanzprospekten windiger Anbieter beeindrucken lassen? Kurzlebige Anschaffungen mit langlaufenden Krediten finanzieren? **BESSER NICHT!** Was riskant ist oder hohe Kosten verursacht, finden Sie auf der linken Buchseite.

DAS „NEBENBEI-PRINZIP": MINIMALER AUFWAND FÜR EIN GUTES ERGEBNIS

Klar: Wenn es ums Geld geht, lässt sich immer noch irgendetwas optimieren. Die Frage ist aber, ob sich der Aufwand für den letzten Renditeschliff lohnt, wenn Sie in puncto Einkommen und Vermögen nicht zu den Überfliegern zählen. Die Erfahrung zeigt zudem, dass komplizierte Anlagestrategien und -modelle längst nicht immer den erhofften Erfolg bringen. Mit dem Nebenbei-Prinzip gehen Sie den umgekehrten Weg: Sie benötigen nur wenige transparente Bausteine und verfügen innerhalb kürzester Zeit über eine sichere und praxistaugliche Geldplanung. Indem Sie die vielen überflüssigen Finanzprodukte einfach links liegen lassen und sich auf die wenigen wirklich sinnvollen Produkte beschränken, sparen Sie viel Zeit und vermeiden teure Fehlentscheidungen.

BASISWISSEN FÜR JEDERMANN

Sie können das Buch systematisch nutzen und Ihre Finanzen damit planen. Im Mittelpunkt steht dabei das 4-Töpfe-Prinzip. Es leitet Sie Schritt für Schritt von der Planung Ihrer Einnahmen und Ausgaben im Alltag über die Absicherung gegen Risiken und das Finanzieren von Anschaffungen bis hin zur planvollen Altersvorsorge. Mit diesem kinderleicht zu handhabenden Werkzeug gelingt es ganz nebenbei, den Überblick zu behalten und die richtigen Entscheidungen zu treffen. Die Gliederung der Kapitel ist auf die einzelnen Schritte der Finanzplanung nach dem 4-Töpfe-Prinzip abgestimmt, sodass Sie Ihre Prioritätenliste Punkt für Punkt abhaken können.

Wenn Sie es lieber gemächlicher und weniger systematisch angehen möchten, können Sie sich aber auch einfach von einzelnen Tipps inspirieren lassen und beispielsweise Geldfresserchen auf Diät setzen oder mit einem bequemen Pantoffel-Portfolio mehr aus Ihrem Geld machen. Oder Sie nutzen den Ratgeber als Nachschlagewerk, um sich auf die Schnelle zu einem einzelnen Finanzthema zu informieren.

BERATEN STATT VERKAUFT

Egal, ob Sie es systematisch oder spontan nutzen: Dieses Buch ist Ihr unabhängiger Ratgeber, denn es hilft Ihnen dabei, sich selbst schlau zu machen. Damit können Sie die Empfehlungen von Beratern, die letztlich auf Ihre Kosten am Vertragsabschluss viel Geld verdienen, kritisch hinterfragen. Und Sie können einschätzen, ob das angebotene Finanzprodukt zu Ihrem Bedarf passt oder ob der Verkäufer es nur deshalb anpreist, weil es ihm eine besonders hohe Provision einbringt.

Eine kleine Motivationshilfe vorweg: Ohne große Mühe können Sie **1000 EURO** und mehr im Jahr sparen, wenn Sie unsere Tipps beherzigen.

Sich maßgeschneidert versichern? Geldreserven für Anschaffungen bilden, um teure Kredite zu vermeiden? Offene statt geschlossene Fonds wählen? **VIEL BESSER!** Auf der rechten Seite lesen Sie, welche Produkte oder Strategien Kosten sparen, bessere Renditechancen bringen oder unnötige Risiken vermeiden.

DIE BESTEN IM TEST

Grundlage für die Empfehlungen in diesem Buch bilden die jahrelangen Erfahrungen der Finanztest-Redaktion. Die Stiftung Warentest untersucht regelmäßig Versicherungen, Fonds und andere Finanzprodukte. Im Serviceteil können Sie unter „Die Besten im Test" ab Seite 208 nachschlagen, welche Anbieter in unseren Untersuchungen jeweils am besten abgeschnitten haben. Wenn Sie es genauer wissen möchten, finden Sie auf unserer Homepage unter www.test.de die ausführlichen Testberichte und weitere Informationen. Na dann, viel Erfolg bei Ihrer Finanzplanung!

Grundwissen für Einsteiger

Beraten und verkauft? Das muss nicht sein, wenn Sie sich über Ihre Finanzangelegenheiten schlau machen und selbst einschätzen können, welche Finanzprodukte Sie brauchen und welche nicht. Im ersten Schritt erfahren Sie, welche Fallen bei Finanzvertrieben und Banken lauern, wie Sie diese umgehen und auf eigene Faust eine solide Finanzplanung aufstellen.

THERE IS NO FREE LUNCH...

BANKEN WERBEN MIT kostenloser Beratung. Aber das ist Augenwischerei. Die Kosten werden den Kunden in Form von versteckten Provisionen aufgetischt.

Das kostet nichts? Fehlanzeige! Jede Beratung in einer Bank oder bei einem Finanzvertrieb ist ein **VERKAUFSGESPRÄCH**. Für den Berater ist es unerheblich, welche Art von Vertrag Sie abschließen. Für ihn ist wichtig, dass seine Firma damit Geld verdient.

„There is no free lunch" – diese Redensart stammt aus den USA, wo findige Gastronomen einst auf eine besondere Verkaufsmethode gekommen sind. Mit großen Lettern warben sie für ein kostenloses Mittagessen, das es jedoch nur gab, wenn der Gast mindestens ein Getränk dazubestellte. Und das war dann so teuer, dass am Ende das vermeintlich kostenlose Essen zur Farce wurde.

In die gleiche Trickkiste greifen Banken und Finanzvertriebe, wenn sie damit werben, dass Sie als Kunde kostenlos und kompetent beraten werden. Ist die Beratung wirklich kostenlos? Ganz klar: Nein!

Würden die Mitarbeiter von Banken, Versicherungen oder Finanzvertrieben kostenlose Beratungen leisten, wären die Unternehmen schon bald pleite. Deshalb ist die „kostenlose Beratung" nur ein Tarnbegriff – in Wirklichkeit handelt es sich um ein Verkaufsgespräch. Ziel jeder „Beratung" ist, dass Sie einen Vertrag unterschreiben. Ob es sich dabei um einen Banksparplan, eine Riester-Rente, einen Bausparvertrag oder um einen Ratenkredit handelt, ist für den Verkäufer unerheblich. Hauptsache, es wird Geld verdient.

SO RECHNEN BANKEN

Banken können mit einem erfolgreichen Verkaufsgespräch auf zweierlei Weise Geld verdienen. Handelt es sich um ein Bankprodukt wie etwa einen Sparbrief, dann zahlt die Bank nur einen vergleichsweise niedrigen Zins. Das vom Kunden geliehene Geld kann sie dann zu höheren Zinsen etwa als Ratenkredit wieder an andere Kunden ausleihen. Das nennt man in der Fachsprache die Zinsspanne.

Häufig verkaufen Banken Finanzprodukte von anderen Unternehmen wie beispielsweise von Investmentfondsanbietern, Versicherungen oder Bausparkassen. In diesen Fällen erhalten sie von den Unternehmen eine Provision für die Vermittlung des Vertrags. Damit ist aus Sicht der Bank eine „Beratung" dann am lohnendsten, wenn Sie sich am Ende für das Produkt entscheiden, das ihr den höchsten Ertrag bringt. Dazu kommt: Oft erhalten die Bankberater Zielvorgaben und müssen Monat für Monat eine bestimmte Provisionssumme erwirtschaften. Dass diese Voraussetzungen für eine wirklich kundenorientierte Beratung denkbar schlecht sind, können Sie sich leicht ausmalen.

Vor diesem Hintergrund überrascht es wenig, dass immer wieder krasse Fehlleistungen in Sachen Kundenberatung publik werden. Dass 80-jährigen Rentnern hochriskante Kapitalanlagen verkauft werden, an die sie – oder wohl eher ihre Erben – erst in 20 Jahren wieder herankommen, ist schon des Öfteren passiert. Dass Sie im Gespräch mit der Bank eher verkäuferisches Bemühen als echte Beratungskompetenz erwarten sollten, zeigen immer wieder die von der

Stiftung Warentest durchgeführten Testberatungen. Ein Beispiel unter vielen ist das Testergebnis, das 2016 in der Februarausgabe der Zeitschrift Finanztest veröffentlicht wurde: Gerade mal drei von 23 getesteten Banken schafften die Note „Gut" in der Anlageberatung.

BEI FINANZVERTRIEBEN ZÄHLT NUR DIE PROVISION

Bei Finanzvertrieben handelt es sich um Unternehmen, die Haftpflicht- und Krankenversicherungen ebenso wie Rentenversicherungen und fast jede Art der Geldanlage vermitteln. Zu den bekannten Vertretern dieser Branche zählen die Deutsche Vermögensberatung (DVAG), MLP, die OVB Vermögensberatung oder Swiss Life Select.

Viele Kunden schätzen solche Anbieter, weil es ihnen Wege erspart und im Idealfall der Finanzvermittler unter Berücksichtigung der gesamten persönlichen Situation berät. Finanzvermittler werben gerne damit, dass sie unabhängig beraten – doch das ist nicht immer ganz richtig. So zählen einige große Vertriebe zu Bank- oder Versicherungskonzernen und empfehlen vorrangig die Produkte ihrer Mutter- oder Schwestergesellschaften. Darüber hinaus sind manche Vertriebe sogenannte Premium-Partnerschaften mit bestimmten Banken oder Investmentgesellschaften eingegangen. Auch in diesen Fällen dürften die Produktempfehlungen nicht immer ganz objektiv sein.

Immer wieder fallen einzelne Vertriebsorganisationen durch besonders aggressive Verkaufsmethoden auf. Da werden Kunden beschwatzt, unter Druck gesetzt und manchmal sogar schlichtweg angelogen – Hauptsache, sie unterschreiben am Ende des Gesprächs den Vertrag. Natürlich wird der Finanzvermittler, der bei Ihnen auf dem Wohnzimmersofa sitzt, im Brustton der Überzeugung behaupten, dass sein Arbeit- oder Auftraggeber nicht zu den schwarzen Schafen zählt. Aber ob das stimmt, lässt sich auf die Schnelle kaum überprüfen.

1 BERATUNG GEGEN HONORAR

Eine Beratung ist nur dann wirklich neutral, wenn der Berater von dem bezahlt wird, den er beraten soll. Das ist beispielsweise bei Steuerberatern oder Rechtsanwälten gang und gäbe. Aber wenn es um Finanzangelegenheiten geht, ist die unabhängige Beratung gegen Honorar noch eine kleine Nische. Doch es gibt bundesweit etliche Honorarberater, die ihre Klienten gegen Honorar beraten und sich – das ist ganz wichtig – dabei verpflichten, von Finanzdienstleistern keine Provisionen anzunehmen. Das Honorar kann sich dabei sowohl nach dem Zeitaufwand als auch nach dem Umfang des Vermögens richten. Eine empfehlenswerte Anlaufstelle für die Finanzberatung auf Honorarbasis sind die Verbraucherzentralen, die zu Geldanlage, Altersvorsorge und Baufinanzierung

Was Vermittler am Verkauf verdienen

An bestimmten Produkten verdienen Vermittler extrem gut, an anderen, wie etwa an Indexfonds, hingegen deutlich weniger. Das sollten Sie bei einem Beratungsgespräch immer im Hinterkopf behalten.

Produkt	Provision
Bausparvertrag mit einer Bausparsumme von 50 000 Euro	bis 750 Euro
Aktienfonds, in den Sie einmalig 50 000 Euro stecken	oft bis 2 500 Euro plus jährliche Bestandsprovision
Private Rentenversicherung, in die Sie 25 Jahre monatlich 200 Euro einzahlen	bis 1 500 Euro
Geschlossener Fonds, in den Sie 50 000 Euro stecken	bis 7 500 Euro
Indexfonds (ETF) oder Einzelaktien, in die Sie einmalig 50 000 Euro investieren	bis 500 Euro (Transaktionsgebühren); bei Direktbanken meist weniger als 60 Euro

Quelle: Finanztest

beraten. Die Kosten für eine Beratung variieren je nach Beratungsthema, Dauer der Beratung und dem Bundesland – denn jedes Bundesland verfügt über eine eigene Verbraucherzentrale, die selbstständig die Honorare festlegt. Meist liegt das Honorar für eine knapp zweistündige Beratung zwischen 150 und 200 Euro.

Daneben gibt es freiberufliche Honorarberater, von denen sich aber ein großer Teil eher auf die Beratung von vermögenden Anlegern spezialisiert hat. Für ihre Bezahlung gibt es verschiedene Modelle wie Stundensätze, Festpreise oder eine vom Anlagevolumen abhängige Gebühr.

2 SICH SELBER SCHLAU MACHEN

Wenn es darum geht, einen Finanzplan für einen Haushalt mit durchschnittlichem Einkommen und Vermögen aufzustellen, können Sie sich mit dem in diesem Buch beschriebenen 4-Töpfe-Prinzip selber fit machen. Mit gesundem Menschenverstand, der Bereitschaft zu einigen wenig komplizierten Rechenübungen und einer gehörigen Skepsis gegenüber vermeintlichen Geheimtipps können Sie selbst herausfinden, wie Sie Ihre Geldanlage, die Absicherung gegen Risiken sowie Ihre private Altersvorsorge in den Griff bekommen können.

UMSCHICHTEN?

HOHE KOSTEN und oftmals sogar Verluste sind die Folge, wenn Kapitalanlagen häufig umgeschichtet werden.

Hin und Her macht Taschen leer: Bei jedem **WECHSEL** des Anlageprodukts klingelt bei der Bank die Provisionskasse aufs Neue.

Wer seine Wertpapiere häufig umschichtet, läuft dem **TREND** meist hinterher, weil er erst einsteigt, wenn die Gewinne schon gemacht sind.

ÖFTER MAL WAS NEUES? Vor allem bei Wertpapieren, Investmentfonds und Versicherungssparplänen lässt häufiges Umschichten die Kosten in die Höhe schnellen, weil jedes Mal Transaktionskosten oder Provisionen fällig werden. Selbst wenn sich mit der neuen Anlageform etwas mehr Gewinn erzielen lässt, wird dieser meist von den Wechselgebühren aufgefressen.

ENTSPANNEN!

PLANEN SIE LANGFRISTIG und teilen Sie Ihr Vermögen sinnvoll in sichere und risikoreichere Anlagen auf. Das hilft, Hektik zu vermeiden.

Legen Sie Ihr Geld am Aktienmarkt immer langfristig an. Dann können Sie Schwächephasen einfach **AUSSITZEN** und auf bessere Zeiten warten.

Der größte Teil des Anlageerfolgs resultiert nicht aus dem schnellen Reagieren auf Trends, sondern aus einer **SINNVOLLEN** Gesamtstrategie. Also nur die Ruhe!

ZURÜCKLEHNEN UND LAUFEN LASSEN: Das sollten Sie tun, wenn Sie zuvor Ihre Anlagestrategie gut durchgeplant und die Finanzprodukte sorgfältig ausgewählt haben. Bei Wertpapieren und Fonds genügt es, einmal pro Jahr zu prüfen, ob Umschichtungsbedarf vorhanden ist. Und bei Lebensversicherungen sollten Sie dem Anbieter so lange wie möglich treu bleiben.

HAUSMITTEL GEGEN FALSCHBERATUNG

Verkaufen, bis der Arzt kommt: Das scheint die Devise bei manchen Banken und Finanzvertrieben zu sein. Mit ein paar einfachen Hausmitteln schützen Sie sich vor Kunstfehlern in der Beratung, die dem Finanzverkäufer eine satte Provision und Ihnen hinterher unangenehme finanzielle Beschwerden bringen.

1 NACHFRAGEN. Haken Sie nach, wenn Sie etwas nicht genau verstanden haben. Kann der Verkäufer die Chancen, Risiken und Nebenkosten des Finanzprodukts nicht verständlich erklären, lassen Sie die Finger davon.

2 SKEPTISCH BLEIBEN. Auch ein freundlicher Bankberater ist nicht Ihr Freund, sondern ein Verkäufer, der interne Vertriebsvorgaben umsetzen muss. Lassen Sie sich nicht einlullen!

3 BEI DER SACHE BLEIBEN. Werden Sie misstrauisch, wenn der Berater auf einmal einen Schwenk macht und Ihnen etwas ganz anderes verkaufen will.

4 KLARE VORGABEN. Geben Sie dem Berater vor, welches Anlageziel Sie verfolgen und zu welchem Verlustrisiko Sie bereit sind. Weichen Sie davon nicht ab – vor allem dann nicht, wenn auf einmal eine ganz andere Produktkategorie ins Spiel gebracht wird.

5 KÜHL RECHNEN. Gute Verkäufer lassen Bilder künftigen Reichtums vor Ihrem Auge entstehen, um Sie mit dem Anlagefieber zu infizieren und Sie für die angebotene Geldanlage zu begeistern. Lassen Sie sich davon nicht anstecken und konzentrieren Sie sich ganz kühl auf die Zahlen und Fakten!

VERZETTELT?

ZERTIFIKATE, WERTPAPIERE, DERIVATE, Beteiligungsmodelle, Fonds, Bankprodukte, Versicherungen – die Produktpalette ist kaum noch überschaubar.

Wer soll da noch durchblicken? Aktien, Zertifikate, Derivate, Beteiligungsmodelle. Was sind die Unterschiede, wo liegen Risiken und was **EIGNET** sich überhaupt für mich?

Allein über 10 000 Investmentfonds sind in Deutschland zugelassen – selbst Experten sind da mitunter **ÜBERFORDERT** angesichts der riesigen Produktpalette.

ÜBERANGEBOT: Viele Verbraucher kapitulieren angesichts des undurchdringlichen Dschungels an Finanzprodukten. Mit äußerst nachteiligen Folgen: Wer passiv bleibt und sein Geld auf dem Girokonto parkt oder womöglich unter der Matratze deponiert, verschenkt Gewinne – und wer Verträge unterschreibt, die er gar nicht versteht, riskiert hohe Verluste.

FOKUSSIEREN!

KÜMMERN SIE SICH NUR um die wenigen Finanzprodukte, die Sie wirklich brauchen. Den Rest können Sie getrost ignorieren.

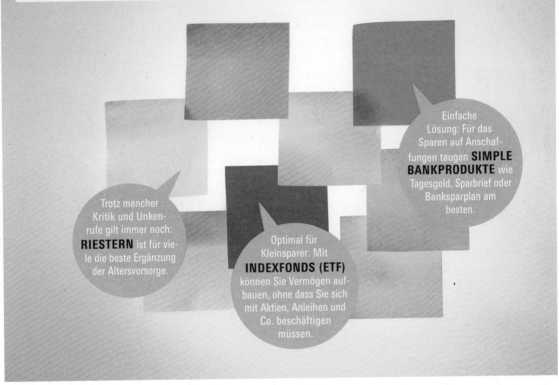

Einfache Lösung: Für das Sparen auf Anschaffungen taugen **SIMPLE BANKPRODUKTE** wie Tagesgeld, Sparbrief oder Banksparplan am besten.

Trotz mancher Kritik und Unkenrufe gilt immer noch: **RIESTERN** ist für viele die beste Ergänzung der Altersvorsorge.

Optimal für Kleinsparer: Mit **INDEXFONDS (ETF)** können Sie Vermögen aufbauen, ohne dass Sie sich mit Aktien, Anleihen und Co. beschäftigen müssen.

ÜBERBLICK: Blenden Sie zunächst alle Finanzprodukte aus, auf die Sie ohne Not verzichten können, und konzentrieren Sie sich auf die in diesem Buch dargestellten Anlagemöglichkeiten, Versicherungen und Finanzierungsformen. So vereinfachen Sie die Struktur Ihrer Finanzen und behalten mit wenig Aufwand stets die Übersicht über Ihre Geldangelegenheiten.

SO GEHT FOKUSSIEREN

Die Welt der Finanzprodukte erscheint auf den ersten Blick so unübersichtlich, dass die Hemmschwelle groß ist, sich überhaupt damit zu befassen. Doch es gibt einen einfachen Trick: Wenn Sie wissen, was Sie wirklich brauchen und was Sie von vornherein ignorieren können, wird die Informationsmenge ganz schnell überschaubar.

Der allergrößte Teil der Finanzprodukte ist nicht dafür gemacht, dass die Anleger eine bessere Rendite erzielen, sondern dafür, dass die Banken mehr Geld verdienen. Je komplizierter ein Produkt, umso mehr Möglichkeiten gibt es, dem Nutzer mit versteckten Kosten und Gebühren das Geld aus der Tasche zu ziehen.

Daraus folgt der zweite Teil der guten Nachricht: Sie können nicht nur den überwiegenden Teil der Angebote von Finanzdienstleistern links liegen lassen, sondern können sich auch noch auf die einfachen Produkte konzentrieren. Nur die Produkte 1 bis 6, die wir hier aufgelistet haben, benötigen Sie als Normalverbraucher wirklich. Wie die einzelnen Finanzprodukte funktionieren, erfahren Sie dann im weiteren Verlauf dieses Buches. Die Produkte 7 bis 9 sind nur unter bestimmten Voraussetzungen sinnvoll.

1 DAS GIROKONTO

Jeder braucht ein Girokonto, um die täglichen Geldgeschäfte abwickeln zu können. Dazu noch eine Bankkarte und bei Bedarf noch eine möglichst kostengünstige – am besten gebührenfreie – Kreditkarte. Und einen Dispokredit, damit Sie nicht gleich teure Überziehungszuschläge zahlen, wenn Ihr Konto mal in die roten Zahlen rutschen sollte.

2 GELDANLAGEN DIREKT BEI BANKEN

Wichtig für das Sparen auf Anschaffungen wie ein neues Auto oder die nächste größere Urlaubsreise sind Geldanlagen, die direkt bei der Bank stattfinden. So etwa das Tagesgeldkonto, auf dem Sie die Geldreserve für ungeplante größere Ausgaben parken. Auch Festgelder und Sparbriefe für die Anlage größerer Beträge oder Ratensparpläne zählen dazu.

3 GEFÖRDERTE ALTERSVORSORGE

Mit der staatlichen Riester-Förderung und den dazugehörigen Sparprodukten können Sie als Arbeitnehmer Ihre Altersvorsorge ergänzen. Gleiches gilt für die betriebliche Altersvorsorge und für die vermögenswirksamen Leistungen (VL).

4 INDEXFONDS (ETF) FÜR DEN PRIVATEN VERMÖGENSAUFBAU

Börsengehandelte Indexfonds begegnen Ihnen auch unter dem Namen „ETF" oder „Exchange Traded Funds". Das klingt erst einmal kompliziert. Tatsächlich verbirgt sich hinter diesen Bezeichnungen aber eine kostengünstige und bequeme Anlageform. Mit ihrer Hilfe können Sie in die internationalen Aktien- und Anleihemärkte einsteigen, ohne Kopf und Kragen zu riskieren. Sie müssen dafür auch nicht zum Finanzexperten werden. Wenn Sie langfristig Vermögen aufbauen möchten, ist das gerade auch in Zeiten niedriger Zinsen sinnvoll. Was Sie dabei beachten sollten, erfahren Sie im letzten Kapitel ab S. 184.

5 DIE GÄNGIGSTEN KREDITFORMEN

Für den kurzfristigen Geldbedarf kommt der Dispokredit oder ein Abrufkredit infrage, größere Anschaffungen wie etwa ein Auto können über einen Ratenkredit finanziert werden. Sollten Sie eine Baufinanzierung benötigen, passt am besten das klassische Bankdarlehen und je nach Möglichkeit ein Förderkredit von der staatlichen KfW-Bank.

6 DIE WICHTIGSTEN VERSICHERUNGEN

Befassen Sie sich nur mit den Versicherungen, die Sie auch wirklich brauchen. Welche dies sind, können Sie im Kapitel „Risiken absichern" ab S. 71 nachlesen.

7 PRIVATE RENTENVERSICHERUNGEN

Nur wenn Sie keinen Anspruch auf gesetzliche Rente haben, weil Sie beispielsweise beruflich selbstständig sind, können private Rentenversicherungen eine Option sein. Und das auch nur, wenn Sie nicht anderweitig fürs Alter abgesichert sind. Ansonsten brauchen Sie einen solchen Vertrag nicht.

8 INVESTMENTFONDS, WERTPAPIERE UND GOLD

Investmentfonds (kurz: Fonds) haben im Gegensatz zu Indexfonds ein aktives Management, das die einzelnen Wertpapiere aussucht. Diese Anlageform ist nur sinnvoll, wenn Sie bereit sind, sich so intensiv mit den Kapitalmärkten zu befassen, dass Sie die Erfolgschancen des infrage kommenden Fonds einschätzen können. Gleiches gilt, wenn Sie in Eigenregie Wertpapiere wie Aktien und Anleihen kaufen oder Gold und andere Edelmetalle als Kapitalanlage erwerben wollen.

9 BAUSPAREN

Mit dem Bausparen brauchen Sie sich nur zu beschäftigen, wenn Sie sicher sind, dass Sie in den nächsten 5 bis 10 Jahren ein Eigenheim erwerben möchten oder wenn Sie in nächster Zeit eine Baufinanzierung mit Riester-Förderung abschließen wollen. Bei allen anderen Konstellationen ist Bausparen wenig sinnvoll.

BESSER NICHT!
Meiden Sie Finanzprodukte,
bei denen Sie nicht vollständig
verstehen, von welchen Faktoren die Wertentwicklung
beeinflusst wird.

DIE WURSCHT-PRODUKTE

Einige Anlageformen können Ihnen schon von vornherein wurscht sein. Dafür gibt es unterschiedliche Gründe: Die Chance auf Gewinn steht in einem schlechten Verhältnis zum Verlustrisiko, die versteckten Kosten sind zu hoch oder die Produkte sind zu unflexibel. Dann brauchen Sie gar nicht anzufangen, sich in die Materie einzuarbeiten oder einzelne Angebote zu vergleichen. Die beste und zeitsparendste Methode: Ignorieren Sie die Offerten, Sie haben nichts verpasst.

1 ANLAGEZERTIFIKATE. Das sind Wertpapiere, die von einer Bank ausgegeben werden und deren Verzinsung oder Rückzahlungswert an die Entwicklung bestimmter Aktien, Währungen, Indizes oder Ähnliches gekoppelt ist. Meistens lässt sich nicht einschätzen, ob die Verteilung von Chance und Risiko für den Anleger fair gestaltet ist. Deshalb: überflüssig.

2 KAPITALLEBENSVERSICHERUNGEN. Versichern und Sparen in einem starren Vertrag gekoppelt. Lösen Sie ihn vorzeitig auf, drohen hohe Renditeeinbußen – das braucht niemand. Tipp dazu: Trennen Sie Versichern und Sparen, dann bleiben Sie flexibel.

3 FONDSPOLICEN. Investmentfonds-Sparpläne, die in eine Lebens- oder Rentenversicherung eingebaut werden, glänzen weder mit Flexibilität noch mit Kostentransparenz. Setzen Sie lieber auf ETF-Sparpläne.

4 BETEILIGUNGSMODELLE. Egal, ob Beteiligung an einem Bürohochhaus, einem Containerschiff oder einem Windenergiepark: Lassen Sie es lieber bleiben – die Liste der schwarzen Schafe und Verlustbringer ist lang.

5 WERTPAPIERE OHNE BÖRSENNOTIERUNG. Um diese Spielwiese von Pleitiers und dubiosen Anbietern sollten Sie einen großen Bogen machen.

WIE ERKENNE ICH SCHWARZE SCHAFE?

Jahr für Jahr verlieren Anleger in Deutschland viele Milliarden Euro, weil sie unseriösen Finanzverkäufern auf den Leim gegangen sind. Sie haben sich blenden lassen von Hochglanzprospekten und der vermeintlichen Kompetenz von „Experten", die mit Fachbegriffen um sich werfen, um Eindruck zu schinden und minderwertigen Finanzschrott als renditeträchtigen Geheimtipp zu inszenieren.

Wenn Sie am Ende nicht der Dumme sein wollen, sollten Sie auf der Hut vor unseriösen Verkaufsmethoden sein. Nachfolgend finden Sie ein paar besonders beliebte Tricks, die Finanzverkäufer anwenden, um ihren arglosen Kunden das Geld aus der Tasche zu ziehen.

1 UNAUFGEFORDERTE ANRUFE

Dass es seriöse Finanzanbieter nicht nötig haben, mit unaufgeforderten Telefonanrufen auf Kundenfang zu gehen, zählt zum kleinen Einmaleins beim Aussieben der schwarzen Schafe. Oft wird der Anruf mit dem Hinweis garniert, dass Bekannte oder Freunde Ihre Telefonnummer weitergegeben hätten, weil sie angeblich mit dem Finanzprodukt überaus zufrieden seien. Das Gespräch können Sie meist schnell mit dem Hinweis beenden, dass unaufgeforderte Anrufe zu Verkaufszwecken bei Privatleuten verboten sind.

2 KUNDENFANG IM FREUNDESKREIS

Freunde und Verwandte genießen einen Vertrauensbonus, und das nutzen manche Vertriebsorganisationen gnadenlos aus. Sowohl im Finanzbereich wie auch bei anderen Dienstleistungen oder Produkten sind ganze Vertriebe darauf aufgebaut, dass die Mitarbeiter zuerst einmal ihren Freundes- und Bekanntenkreis abgrasen. Dort wird nicht nur fleißig verkauft, sondern die Vorgabe lautet auch, neue Verkäufer zu rekrutieren. Diese erhalten im Schnelldurchlauf eine Schulung, die ihnen weniger fundiertes Fachwissen als vielmehr einige wirkungsvolle Verkaufstricks vermittelt. Im Anschluss sollen die frischgebackenen „Fachleute" wiederum ihren eigenen Bekanntenkreis abklappern. Die Mitarbeiter, die jeweils über ihnen in der Verkaufshierarchie rangieren, kassieren bei jedem Abschluss einen

Teil der Provision. Das wird als Strukturvertrieb oder Pyramidensystem bezeichnet und ist in den allermeisten Fällen keine seriöse Angelegenheit.

3 DIE MASCHE MIT DEN TRAUMRENDITEN

10 Prozent Gewinn? Und das nicht im Jahr, sondern im Monat? Das ist ein Klassiker unter den Verkaufsmaschen. Frei nach dem Motto „Gier frisst Hirn" versucht der Verkäufer, das Renditeszenario so verlockend aufzubauen, dass der Kunde den gesunden Menschenverstand ausschaltet. Lassen Sie sich nicht blenden: Wäre das Märchen von der zweistelligen Rendite wahr, würde der Finanzvermittler nicht bei Ihnen die Klinke putzen, sondern könnte von seinen Kapitalerträgen ein sorgen- und arbeitsfreies Leben führen. Denken Sie daran: Überdurchschnittliche Renditechancen bringen immer auch überdurchschnittliche Verlustrisiken mit sich.

4 KAPITALANLAGE IM AUSLAND

Die Geldanlage im Ausland ist nur sinnvoll, wenn Sie im Rahmen eines Investmentfonds, ausländische börsennotierte Wertpapiere im Portfolio halten oder bei einer ausländischen Bank ein Tages- oder Festgeldkonto unterhalten, das Ihnen mehr Zinsen bringt als eine Geldanlage bei einer Bank in Deutschland. Allerdings sollten Sie dies nur tun, wenn es sich um ein Geldinstitut mit Hauptsitz in einem finanziell soliden EU-Land handelt. Dann können Sie sich auf die Einlagensicherung verlassen, falls die Bank pleitegeht.

Ansonsten gilt, dass Sie von Investments außerhalb Deutschlands lieber die Finger lassen sollten – ganz besonders dann, wenn es sich um ein Land außerhalb der EU handelt. Dem Anbieter geht es nämlich nicht darum, Ihnen mit Anlagen in der Schweiz, in Liechtenstein oder in einer Übersee-Steueroase möglichst hohe Gewinne zu bescheren. Ziel ist es vielmehr, dass Sie im Streitfall nicht bei einem deutschen Gericht Klage einreichen können.

5 UND EWIG LOCKT DAS STEUERSPARMODELL

Wenn eine Steuerersparnis in Aussicht gestellt wird, schaltet so mancher Anleger den kritischen Verstand aus. Dabei zeigt die Erfahrung: Gerade bei Kapitalanlagen, die über Sonderabschreibungen oder andere Steuervergünstigungen eine besonders hohe Rendite bringen sollten, ist der Anteil an unseriösen Anbietern und überteuerten Anlagekonstrukten hoch. Aber: Auch hohe Steuerabschreibungen helfen nicht, wenn die Kapitalanlage nur Verluste produziert oder sogar in die Pleite schlittert. Schauen Sie immer erst auf die Renditechancen und Risiken und seien Sie vorsichtig, wenn Ihnen eine Geldanlage mit dem Argument der Steuerersparnis angeboten wird.

HEISSER TIPP?

AM LIEBSTEN MACHEN VERKÄUFER von Banken und Finanzvertrieben schnelle Geschäfte, bei denen der Kunde gleich unterschreibt. Aber das kann teuer werden.

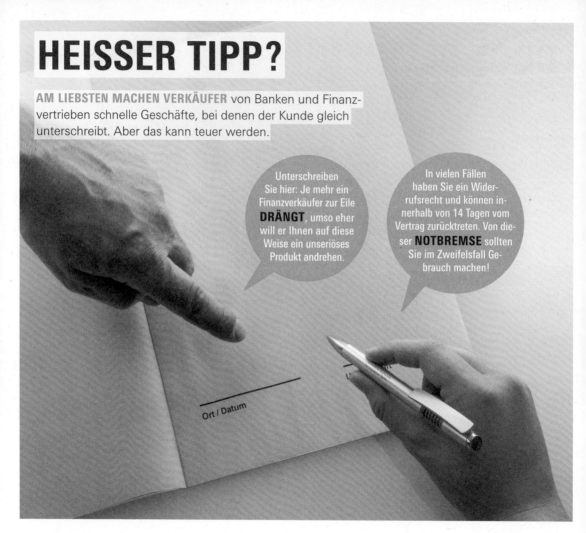

Unterschreiben Sie hier: Je mehr ein Finanzverkäufer zur Eile **DRÄNGT**, umso eher will er Ihnen auf diese Weise ein unseriöses Produkt andrehen.

In vielen Fällen haben Sie ein Widerrufsrecht und können innerhalb von 14 Tagen vom Vertrag zurücktreten. Von dieser **NOTBREMSE** sollten Sie im Zweifelsfall Gebrauch machen!

Ort / Datum

ENTSCHEIDEN SIE SICH JETZT: Den Kunden unter Zeitdruck zu setzen ist eine beliebte Masche von Verkäufern und wird auch im Vertrieb von Kapitalanlagen gerne angewandt. In Kürze auslaufende Sonderkonditionen oder vermeintliche Steuervorteile beim Abschluss vor Jahresende werden gerne genutzt, um Verbraucher dazu zu bringen, den Vertrag gleich zu unterschreiben.

COOL BLEIBEN!

LASSEN SIE SICH NICHT UNTER ZEITDRUCK setzen. So können Sie das Angebot in Ruhe überdenken und nach günstigeren Alternativen Ausschau halten.

Unschlagbares Angebot? Oder bietet die Konkurrenz bessere Konditionen? Holen Sie **GANZ ENTSPANNT** weitere Angebote ein und rechnen Sie nach.

Prüfen Sie anhand des in diesem Ratgeber beschriebenen **4-TÖPFE-PRINZIPS**, ob das Produkt überhaupt zu Ihrem Bedarf passt oder ob es nur die Provisionskasse des Verkäufers füllen soll.

NICHTS IST SO EINZIGARTIG, dass Sie Ihre Entscheidung innerhalb weniger Minuten treffen müssen. Schon gar nicht in der Finanzwelt mit ihren oft austauschbaren Offerten. Also lassen Sie sich nicht aus dem Konzept bringen: Nehmen Sie sich die Zeit zum Prüfen – und wenn es dann das angebliche Schnäppchen nicht mehr gibt, sollten Sie ihm nicht nachtrauern.

TYP-FRAGE?

BIN ICH RISIKOFREUDIG? Das ist erst einmal die falsche Frage, wenn es darum geht, welche Verlustrisiken Sie eingehen können.

Sie sind ein **WAGEMUTIGER** Typ und fackeln nicht lange? Vorsicht: Diese Einstellung kann dazu verleiten, sich im falschen Moment Verlustgefahren auszusetzen.

Weil Anleger das **RISIKO** von Kapitalanlagen nicht kennen oder falsch einschätzen, verlieren sie Jahr für Jahr etliche Milliarden Euro.

PERSÖNLICHKEIT: Ob Sie eher risikofreudig sind oder nicht, sollten Sie in allen Fragen der Geldanlage zuerst einmal außer Acht lassen. Entscheidend ist nämlich nicht, ob Sie Lust auf Risiko haben, sondern ob Sie sich ein Wertschwankungs- oder Verlustrisiko überhaupt leisten können. Und das wiederum hängt davon ab, für welchen Zweck Sie das Geld anlegen.

GELD-FRAGE!

WIE VIEL RISIKO KANN ICH MIR LEISTEN?

Diese Frage gilt es jedes Mal neu zu beantworten, wenn Sie Geld anlegen.

Prüfen Sie, ob **Sie GENUG GELD** haben, um sich Risiken leisten zu können. Je weniger Vermögen Sie auf der hohen Kante haben, umso weniger Risiken sollten Sie eingehen.

DAS ZIEL BESTIMMT DEN WEG: Je kürzer die Laufzeit der Geldanlage, umso weniger Risiken sollten Sie eingehen. Erst wenn das Geld zehn Jahre oder länger liegenbleiben kann, kommen risikoreichere Kapitalanlagen in Betracht – sofern Sie der Typ dafür sind. Dazu kommen weitere Faktoren, die bei der Antwort auf die Risikofrage wichtig sind. Mehr dazu erfahren Sie auf den folgenden Seiten.

WIE VIEL RISIKO KANN ICH MIR LEISTEN?

Gehen Sie einfach Schritt für Schritt vor, um herauszufinden, ob Sie eine riskante Anlageform auswählen können oder nicht.

1 FÜR WELCHEN ZWECK LEGE ICH DAS GELD AN?

Wenn Sie Geld für eine bestimmte Anschaffung zurücklegen möchten, sollten Sie Verlustgefahren meiden. Beispiel: Wenn Sie in drei Jahren ein Auto kaufen möchten und das Geld dafür in Aktien stecken, entscheidet das Auf und Ab an der Börse darüber, ob Sie sich eine spritzige Limousine oder einen bescheidenen Kleinwagen leisten können. Also: Gehen Sie lieber auf Nummer sicher, damit Sie wissen, welches Guthaben Ihnen zur Verfügung steht. Gleiches gilt für die eiserne Reserve, die Sie auf die Seite legen, um im Notfall Geld für Reparaturen oder andere Ausgaben verfügbar zu haben. Auch hier ist risikofreie Zone.

Bei Geld, das Sie in den langfristigen Vermögensaufbau stecken und in den nächsten zehn Jahren nicht antasten möchten, spricht hingegen nichts gegen ein vernünftiges Maß an Risikobereitschaft. In diesem Fall heißt es: Weiter zu Schritt 2.

2 HABE ICH SCHON FÜR ANSCHAFUNGEN VORGESORGT?

Handeln Sie nach dem 4-Töpfe-Prinzip, das wir ausführlich ab S. 34 erläutern: Zuerst bilden Sie ein Geldpolster für Ihre Anschaffungen, erst danach kommen Altersvorsorge und Vermögensaufbau. Prüfen Sie deshalb, ob Sie für diese Zwecke schon ausreichende Maßnahmen ergriffen haben. Ansonsten müssten Sie im Ernstfall entweder eine Risikokapitalanlage womöglich mit Verlust auflösen oder die Finanzierungslücke mit einem Ratenkredit schließen.

Konkret heißt das: Haben Sie noch Nachholbedarf beim Sparen auf Anschaffungen, sollten Sie diesen zuerst mit risikoarmen Geldanlagen decken. Ist das erledigt, geht es weiter zum nächsten Schritt.

3 WIE SIEHT MEINE LEBENSPLANUNG AUS?

Lebensplanung – das ist ein großes Wort, und häufig kommt es anders als geplant. Doch manche Veränderungen im Leben lassen sich einigermaßen verlässlich absehen. Zum Beispiel wenn ein junges Paar Nachwuchs haben möchte. Oder wenn Sie vorhaben, sich in den nächsten Jahren eine Eigentumswohnung oder ein Haus zu kaufen. Das sind Situationen, in denen Sie vielleicht die ursprünglich für den Vermögensaufbau vorgesehenen Kapitalanlagen anzapfen müssen – sei es um den Wegfall eines Einkommens in der beruflichen Erziehungspause zu überbrücken oder um für die Eigenheimfinanzierung möglichst viel Eigenkapital einbringen zu können. Behalten Sie deshalb Ihre Zukunftsvorstellungen im Blick und setzen Sie in der Geldanlage lediglich dann auf Risiko, wenn Sie wirklich sicher sind, dass Sie auf das Geld nicht doch in den nächsten zehn Jahren zurückgreifen müssen.

4 WELCHER RISIKOTYP BIN ICH?

Erst ganz am Schluss kommt Ihre Persönlichkeit ins Spiel. Wenn alle äußeren Umstände für eine risikoreichere Geldanlage sprechen, liegt es jetzt an Ihnen zu entscheiden, ob Sie das Risiko überhaupt eingehen möchten oder nicht. Stellen Sie sich einfach vor, der Aktienfonds Ihrer Wahl macht im Lauf des ersten Jahres 30 Prozent Verlust, weil die weltweiten Börsen schlecht laufen. Haben Sie die Nerven, um die Verluste einfach auszusitzen? Dann können Sie auch mal risikofreudiger anlegen. Oder würden Sie kalte Füße bekommen und sich schnellstmöglich von Ihrem Investment trennen? In diesem Fall lassen Sie es lieber von vornherein bleiben – sonst würden Sie in die Falle tappen, indem Sie just dann auf sichere und niedrig verzinste Geldanlagen umsteigen, wenn Sie mit Ihrer Risiko-Anlage den höchstmöglichen Verlust fabriziert haben.

5 REGELMÄSSIG NACHJUSTIEREN

Das Überprüfen Ihrer Risikofähigkeit und -neigung ist keine einmalige Angelegenheit, sondern vielmehr ein dynamischer Prozess. Je nachdem, wie sich Ihr Leben und Ihre finanzielle Situation entwickeln, können sich die entscheidenden Vorgaben in Sachen Anlagerisiko verändern.

So kann es sein, dass Ihr Vermögen im Lauf der Zeit wächst und Sie den Anteil an risikoreicheren Kapitalanlagen steigern können, weil bereits genügend sicher angelegtes Geld für die kommenden Anschaffungen auf der Seite liegt. Umgekehrt kann eine Reduzierung des Familieneinkommens – beispielsweise weil Sie Kinder bekommen und beruflich kürzertreten – dazu führen, dass Sie das momentane Vermögen lieber auf die sichere Seite bringen sollten. Selbst die Persönlichkeit kann sich über die Jahre ändern, Ihre Risikobereitschaft kann sinken oder auch steigen.

Daher ist es ratsam, einmal pro Jahr die Kapitalanlagen auch unter dem Gesichtspunkt zu prüfen, ob deren Risikostruktur noch zu Ihren Anforderungen passt. Bei Bedarf sollten Sie dann entsprechend umschichten.

WIE SICHER IST WELCHE GELDANLAGE?

Wenn Sie wissen, wie viel Risiko Sie eingehen können, stellt sich die Frage: Welche Geldanlage passt dazu?

SICHERE NUMMER: RIESTER, BANKEN, BAUSPARKASSEN

Für Geldanlagen bei Banken und Bausparkassen gibt es entweder feste oder variable Zinsen, sodass höchstens bei den Erträgen geringe Schwankungen anfallen. Das angelegte Geld bekommen Sie sicher zurück, wenn Sie Ihr Guthaben kündigen oder bei Anlagen mit fester Laufzeit die Anlagefrist endet.

Damit Sparer auf der sicheren Seite sind, gibt es die Einlagensicherung. Heißt konkret: Geht die Bank oder Bausparkasse pleite, zahlt die Einlagensicherung den Anlegern ihr Geld zurück. Das gilt für alle Guthaben beispielsweise auf Girokonten, Tagesgeld- oder Festgeldkonten, Bausparverträgen, Sparbriefen und Sparverträgen. Bei allen Banken mit Sitz in der EU ist Spargeld in Höhe von 100 000 Euro pro Anleger und Bank laut Einlagensicherungsrichtlinie der EU gesichert. In Deutschland ist der Schutz oft noch höher.

Dennoch sollten Sie darauf achten, wo genau Sie Ihr Geld anlegen, wenn Sie auf Nummer sicher gehen wollen. Ausländische Banken bieten häufig besonders attraktive Zinsen. Trotzdem empfehlen wir einige dieser Angebote nicht. Zwar sind bei Banken mit Sitz in der EU bis zu 100 000 Euro geschützt und bei einigen ausländischen Banken sogar weit größere Beträge. Wegen einer fehlenden gemeinsamen europäischen Einlagensicherung, die im Entschädigungsfall einspringen würde, ist es allerdings aus Sicht der Stiftung Warentest derzeit zweifelhaft, ob der Schutz von 100 000 Euro pro Bank und Anleger in Ländern wie Bulgarien, Kroatien oder Malta reibungslos funktioniert. Die nationalen Einlagensicherungen dieser Länder haben bis 2024 Zeit, um ihre Sicherungstöpfe so zu füllen, dass sie im Ernstfall zeitnah entschädigen können.

Welche EU-Länder wir als sicher einstufen und welche nicht, können Sie in der Grafik rechts sehen. Darüber hinaus finden Sie im Serviceteil auf S. 214 die Namen der Banken, die in Deutschland Angebote machen und die Sie nach unserer Einschätzung besser meiden sollten. Dort können Sie

Wo es sichere Zinsen gibt – und wo nicht

ISLAND

EU-Länder mit vertrauens-
würdiger Einlagensicherung

EU-Länder mit nicht vertrauens-
würdiger Einlagensicherung

Kein EU-Land

NORWEGEN

FINNLAND

ESTLAND

LETTLAND

LITAUEN

RUSSLAND

DÄNEMARK

SCHWEDEN

IRLAND

GROSSBRITANNIEN *

WEISSRUSSLAND

NIEDERLANDE

POLEN

BELGIEN

DEUTSCHLAND

UKRAINE

LUXEM-
BURG

TSCHECHIEN

SLOWAKEI

MOLDAWIEN

ÖSTERREICH

UNGARN

FRANKREICH

SCHWEIZ

RUMÄNIEN

SLOWE-
NIEN

KROATIEN

ITALIEN

BOSNIEN-
HERZEGOWINA

PORTUGAL

SERBIEN

BULGARIEN

MONTE-
NEGRO

MAZE-
DONIEN

SPANIEN

ALBANIEN

GRIECHEN-
LAND

TÜRKEI

MALTA

ZYPERN

* Was der geplante Brexit ändert, siehe S. 214.

auch nachlesen, wie die Einlagensicherung im Einzelnen funktioniert. Das kann wichtig werden, wenn Sie mehr als 100 000 Euro sicher anlegen möchten.

Auch Riester-Verträge zählen zu den sicheren Geldanlagen. Riester-Sparer können sich entspannt zurücklehnen, weil die Anbieter gesetzlich verpflichtet sind, am Laufzeitende mindestens die angelegten Gelder und Zulagen wieder auszuzahlen beziehungsweise in eine Rentenversicherung umzuwandeln. Das gilt auch dann, wenn Sie einen Riester-Fondssparplan abschließen und der Fonds eigentlich Verluste macht. Allerdings gilt die Garantie nur, wenn Sie nicht vor Rentenbeginn auf das Kapital zugreifen.

GERINGE BIS MITTLERE VERLUST-RISIKEN: RENTEN- UND MISCHFONDS

Investmentfonds, die auf Anleihen setzen, sogenannte Rentenfonds, haben meist nur geringe Wertschwankungen. Anleihen sind Schuldverschreibungen von Staaten oder Unternehmen, bei denen eine jährliche Zinszahlung sowie die Rückzahlung des Anleihenwertes am Ende der Laufzeit zugesichert werden. Verluste können aus Schwankungen am Zinsmarkt resultieren oder auch aus einer Verschlechterung der Bonitätseinschätzung des Anleihenherausgebers. Und wenn dieser pleitegeht, ist natürlich auch die Anleihe nichts mehr wert.

Allerdings stellen Fonds eine breit gestreute Mischung aus vielen unterschiedlichen Wertpapieren zusammen, sodass sich einzelne Verluste nur in geringem Ausmaß bemerkbar machen. Wie das genau funktioniert, lesen Sie auf S. 179. Sollte die Fondsgesellschaft insolvent werden, haben Sie als Anleger nichts zu befürchten: Die Kundenguthaben sind vom Gesellschaftsvermögen getrennt, sodass weder die Gläubiger noch die Verwalter selbst Gelder daraus entnehmen dürfen, um irgendwelche Schulden zu bezahlen.

Wie hoch das Verlustrisiko im Einzelfall ist, hängt von der Mischung innerhalb des Fonds ab. Befinden sich nur sichere Euro-Staatsanleihen im Fonds, sind keine großen Schwankungen zu erwarten. Kräftiger wird das Auf und Ab bei Unternehmens- oder Schwellenländeranleihen sowie bei Mischungen aus Aktien und Anleihen. Dazu kommt noch das Risiko von Devisenkursschwankungen, wenn im Fonds enthaltene Wertpapiere in anderen Währungen wie US-Dollar oder japanischem Yen notieren.

HOHES RISIKO: AKTIENFONDS

Wenn Sie Geld in Aktienfonds investieren, spiegeln sich die Wertschwankungen an der Börse direkt in Ihrem Fondsdepot wider. Je nachdem, wie die aktuellen Aktienkurse stehen, sind Ihre Fondsanteile mal mehr und mal weniger wert. Was kann das konkret bedeuten? Im Zuge der Finanzkrise

2008 sank der deutsche Aktienindex Dax von Anfang 2008 bis März 2009 von 8 000 auf 3 750 Punkte – das ist ein Minus von 53 Prozent. Acht Jahre später, also Anfang März 2017, stand der Dax bei 12 300 Zählern. Wer todesmutig in der schlimmsten Phase für 10 000 Euro Dax-Aktien gekauft hätte, hätte also acht Jahre später daraus 32 800 Euro gemacht.

Solange Sie auf Fonds mit vielen unterschiedlichen Einzelaktien setzen, können die Verluste hoch sein, aber es droht kein Totalverlust. Anders hingegen, wenn Sie nur Aktien von einem einzigen Unternehmen halten würden: Rutscht dieses in die Pleite, sind seine Aktien höchstens noch Cent-Beträge wert.

BLACK BOX: BETEILIGUNGSMODELLE, DERIVATE & CO.

Bei Investmentfonds können Sie anhand der in der Vergangenheit angefallenen Gewinne und Verluste grob einschätzen, wie groß das Verlustrisiko ist. Doch es gibt auch Anlageprodukte, bei denen die Frage nach dem Risiko einem munteren Ratespiel gleicht. Will heißen: Sie können nicht einschätzen, ob die mit der Kapitalanlage verbundene Wahrscheinlichkeit eines Verlustes angemessen dargestellt wird oder nicht. Das ist dann praktisch eine Black Box, deren wahrer Inhalt verborgen bleibt.

Beispiel Beteiligungsmodelle (man nennt sie auch geschlossene Fonds und neuerdings „Alternative Investmentfonds" oder kurz „AIF"): Hier steigen Anleger als Investoren bei einem unternehmerischen Projekt ein, etwa einem Windenergiepark oder einem Luxushotel. Zwar gibt es glanzvolle Broschüren und verlockende Planzahlen vom Initiator des Projekts. Doch ob sich das Prinzip Hoffnung erfüllt, steht in den Sternen – denn bevor die privaten Investoren auch nur einen Cent Gewinn sehen, schöpfen die Betreiber erst einmal ordentlich Geld ab, um ihre eigenen Tätigkeiten zu honorieren, diverse teure Berater zu entlohnen und den Finanzvermittlern üppige Provisionen zu bezahlen.

Oder Wertpapiere wie Anleihen und Genussscheine, die über Finanzvermittler oder die Herausgeber selbst quasi im Direktvertrieb unters Volk gebracht werden: Hier kann der Anleger nur darauf hoffen, dass das Unternehmen zahlungskräftig genug ist, um in ein paar Jahren seine Schulden wieder zu begleichen. Die wahren unternehmerischen Risiken sind nur den Insidern der Firma bekannt – und die sehen im Regelfall keinen Anlass, diese den gutgläubigen Anlegern auf die Nase zu binden.

Auch bei Derivaten wie Anlagezertifikaten oder Wertpapieren, die mit Wetten auf die Entwicklung von Aktienkursen, Zinsen oder Währungen verbunden sind, können Sie bei der Risikoeinschätzung gleich zum Würfel greifen. Oder noch besser: Sie ignorieren diese Finanzprodukte einfach.

DAS 4-TÖPFE-PRINZIP

STELLEN SIE SICH IHRE GELDPLANUNG wie vier Töpfe vor, die aufeinander gestapelt sind. Das Geld fließt in den obersten Topf. Ist dieser voll, wird der nächste gefüllt.

TOPF FÜR TOPF: Der oberste Topf steht für Ihren Geldbedarf im Alltag, Topf 2 für die wichtigsten Versicherungen, Topf 3 für Anschaffungen, die Sie planen. Last, not least: Topf 4 ist Ihre Altersvorsorge und der Vermögensaufbau. Auch in diesen Topf sollte am Ende genug Geld fließen.

Jetzt wissen Sie, um welche Anlagen Sie einen großzügigen Bogen machen sollten und welche prinzipiell infrage kommen könnten. Aber wie gehen Sie nun Ihre Finanzplanung insgesamt an? Ganz einfach: nach dem 4-Töpfe-Prinzip.

Minimaler Einsatz, maximaler Erfolg ist dabei die Devise. Mit dem 4-Töpfe-Prinzip können Sie Ihre Geldplanung sinnvoll strukturieren, ohne gleich eine Doktorarbeit daraus machen zu müssen. Dabei geht es nicht darum, die letzten Zehntelprozente zu optimieren, sondern ein übersichtliches System zu schaffen, mit dessen Verwaltung Sie wenig Aufwand haben. Es hilft Ihnen, die Finanzen im Griff zu haben, aber möglichst entspannt.

Klar: Für die Optimierung der steuerlichen Feinheiten oder die Strukturierung eines millionenschweren Wertpapierdepots ist diese Methode nicht gedacht – diese Anforderungen stellen sich ohnehin nur für einen äußerst kleinen Teil der Bundesbürger. Ideal ist das Prinzip für Leute mit ganz normalen Einkommens- und Vermögensverhältnissen und innerhalb dieser Gruppe ganz besonders für diejenigen, bei denen das Thema Finanzen bislang nicht zu den bevorzugten Interessengebieten gehört hat.

Stellen Sie sich Ihre Geldplanung wie vier Töpfe vor, die aufeinander gestapelt sind. Das Geld fließt in den obersten Topf, und wenn dieser voll ist, wird der nächste Topf gefüllt. So geht das weiter bis zum untersten Topf. Damit der Geldfluss richtig funktioniert, ist es wichtig, mit dem obersten Topf – also mit dem Geld im Alltag – zu beginnen und sich nach unten durchzuarbeiten. Damit ist auch schon die Rangfolge bei den Finanzfragen klar: Zuerst gilt es mit den täglichen Geldangelegenheiten klarzukommen, dann sichern Sie sich gegen die Risiken ab, planen Ihre Anschaffungen und kümmern sich am Ende um Altersvorsorge und Vermögensaufbau.

TOPF 1 — MIT DEM GELD IM ALLTAG KLARKOMMEN

Führen Sie einen Kassensturz durch, bei dem Sie ermitteln, wie hoch Ihre monatlichen Einnahmen und Ausgaben sind. Wenn am Monatsende Geld übrig ist, befinden Sie sich schon mal auf dem richtigen Weg. Oftmals lohnt es sich dennoch, die Ausgaben genauer unter die Lupe zu nehmen und zu prüfen, ob Sie in manchen Lebensbereichen Geld einsparen können, ohne dass sich dabei Ihre Lebensqualität verschlechtert.

Dringendes Handeln ist angesagt, wenn Ihre Ausgaben höher sind als Ihre Einnahmen. Dann leben Sie von der Substanz – und wenn die aufgebraucht ist, beginnt das Schuldenmachen. Also: Steuern Sie lieber rechtzeitig gegen und nehmen Sie gegebenenfalls in Kauf, dass der Gürtel spürbar enger geschnallt wird. Bei dieser

Gelegenheit sollten Sie gleich noch schauen, dass Sie Ihr Girokonto möglichst kostengünstig führen. Und Sie sollten sicherstellen, dass Sie bei Ihren Geldgeschäften per PC oder Bank- beziehungsweise Kreditkarte nicht das Risiko eingehen, dass sich ein Dritter auf kriminelle Weise unberechtigt Zugriff auf Ihre Konten verschafft. Worauf es dabei ankommt, erfahren Sie im folgenden Kapitel ab S. 58.

TOPF 2 DIE WICHTIGSTEN RISIKEN ABSICHERN

Bevor Sie damit beginnen, Ihre Strategie bei der Geldanlage auszuarbeiten, sollten Sie die wichtigsten Lebensrisiken absichern. Manche Versicherungen haben Sie schon automatisch, wenn Sie etwa als Arbeitnehmer gesetzlich krankenversichert sind oder als Autobesitzer die obligatorische Kfz-Haftpflichtversicherung abgeschlossen haben. Andere Versicherungen wie beispielsweise die private Haftpflichtversicherung sind freiwillig, sollten aber in keinem Haushalt fehlen. Also: Prüfen Sie, welche Versicherungen Sie noch benötigen, und suchen Sie einen preiswerten Anbieter. Bei den Versicherungen, die Sie bereits haben, sollten Sie überlegen, ob Sie diese wirklich brauchen oder – falls ja – ob sich der Wechsel zu einem günstigeren Anbieter lohnt. Die wichtigsten Informationen zu diesem Thema finden Sie im Kapitel „Risiken absichern" ab S. 71.

TOPF 3 ANSCHAFFUNGEN PLANEN

Wenn Sie die notwendigen Versicherungen in Ihre Einnahmen-Ausgaben-Rechnung miteinbezogen haben, wissen Sie, wie viel Geld Ihnen für die Finanzierung von Anschaffungen, die Altersvorsorge und die Vermögensbildung zur Verfügung steht. Beginnen Sie nun zunächst mit der Planung Ihrer Anschaffungen. Der Grund dafür: Wenn Sie jeden verfügbaren Euro in den langfristigen Vermögensaufbau stecken und nicht bei Bedarf kurzfristig an das Geld herankommen, müssen Sie womöglich bei einer größeren Anschaffung einen teuren Ratenkredit aufnehmen. Versuchen Sie deshalb, in Ihren Planungen einen Kompromiss zu finden: Es sollte ausreichend Geld für wichtige Dinge wie Auto oder Möbel zur Verfügung stehen – und darüber hinaus brauchen Sie noch Reserven für den langfristigen Vermögensaufbau. Wie Sie am besten auf Anschaffungen sparen, zeigen wir im Kapitel „Auto, Jacht und Weltreise" ab S. 115.

TOPF 4 ALTERSVORSORGE UND VERMÖGENSAUFBAU

Auch wenn Altersvorsorge und Vermögensaufbau den Abschluss Ihrer Planungen darstellen, wäre es verkehrt, diesen Bereich als „Anhängsel" zu betrachten, für den nach dem Zufallsprinzip etwas übrig bleibt oder auch nicht. Aussetzen sollten Sie nur dann, wenn Sie noch mit dem Schuldenabbau beschäftigt sind oder in einem gravierenden finanziellen Engpass stecken.

Hier gilt die Grundregel: Wer möglichst früh mit kleinen Beträgen beginnt, dem wächst im fortgeschrittenen Alter der Nachholbedarf nicht über den Kopf. Prüfen Sie, welche Anlageformen mit oder ohne staatliche Förderung am ehesten für Sie infrage kommen. Binden Sie sich nicht an allzu starre Sparpläne und beschränken Sie sich auf wenige Anlageprodukte. Wie Sie mit staatlicher Hilfe vorsorgen können, erfahren Sie ab S. 145, wie Sie darüber hinaus noch privat vorsorgen und Vermögen aufbauen können, ab S. 171.

SO GELINGT DIE PLANUNG MIT 4 TÖPFEN

▶ **So einfach wie möglich.** Beschränken Sie sich auf möglichst wenige und einfach gestrickte Finanzprodukte. Das erleichtert die Planung enorm.

▶ **Freiraum lassen.** Verplanen Sie nicht jeden Euro. Dann bleiben Ihnen Reserven, wenn sich Ihre Einnahmen oder Ausgaben ändern.

▶ **Flexibel bleiben.** Bevorzugen Sie nach Möglichkeit Finanzprodukte, mit denen Sie sich nicht starr an einen langfristigen Vertrag binden.

▶ **Updates machen.** Prüfen Sie einmal pro Jahr, ob Ihre Finanzplanung noch zu Ihrem Bedarf passt. Wenn nicht, passen Sie die Planung an.

20 %
der Bundesbürger legen Geld in **Investmentfonds** an.

21 %
der 18- bis 65-Jährigen besitzen eine **private Berufsunfähigkeitsversicherung**. Ein geringer Anteil angesichts der Tatsache, dass sie für so gut wie alle Berufstätigen wichtig zur Existenzsicherung ist.

30 %
aller Erwachsenen nutzen einen **Ratenkredit** für die Finanzierung von Anschaffungen.

57 %
der heute Berufstätigen glauben, für das Alter **nicht ausreichend abgesichert** zu sein.

Quellen: Comdirect Spar- und Anlageindex 2016, Umfrage FinanceScout 2016, GfK-Umfrage 2015, Umfrage von Infratest dimap 2016

Mehr Geld im Alltag

Wenn am Ende des Monats genügend Geld für Sparen und Altersvorsorge übrig bleiben soll, gilt es die Einnahmen und Ausgaben im Griff zu behalten. Die Kunst des klugen Haushaltens besteht darin, möglichst ohne Einbußen bei der Lebensqualität nachhaltig Geld einzusparen.

HILFE, GELDFRESSERCHEN!

HALTEN SIE AUSSCHAU nach unerwünschten Untermietern, die Ihren finanziellen Freiraum einschränken.

Gut versteckt sind sie, die Orte, an denen Geldfresserchen ihr **UNWESEN TREIBEN**. Ehe man sichs versieht, sind übers Jahr Hunderte von Euro verschlungen. Wer ihre Schlupfwinkel aufspürt, kann gegensteuern und Geld sparen.

Kennen Sie die kleinen Geldfresserchen, die im Verborgenen leben und heimlich an Ihrem Geld knabbern? Wenn man weiß, wo sie sich besonders gern tummeln, sind sie leicht zu finden. Dann gilt es, die kleinen gefräßigen Tierchen auf Diät zu setzen. Schauen Sie einfach mal in den beliebtesten Verstecken nach – wahrscheinlich werden Sie schnell fündig.

1 DAS ENERGIE-GELDFRESSERCHEN

Je schneller sich der Stromzähler dreht, umso fetter wird das Energie-Geldfresserchen. Auf die Verbrauchsbremse können Sie treten, indem Sie mit schaltbaren Steckdosenleisten Ihre Elektrogeräte wirklich ausschalten, statt sie auf Stand-by schlummern zu lassen, Halogenlampen durch energiesparende LED-Leuchtmittel ersetzen und eine Sparbrause einbauen. Wenn in einem Vier-Personen-Haushalt jeder täglich 5 Minuten duscht, spart allein diese Maßnahme über 140 Euro im Jahr. Insgesamt können solche Stromeinsparungen jährlich über 500 Euro mehr im Geldbeutel bringen.

Noch erfolgreicher können Sie das Energie-Geldfresserchen auf Diät setzen, wenn Sie vom örtlichen Grundversorger zu einem günstigen Anbieter wechseln. Das klappt schnell und einfach. Finanztest hat ausgerechnet, dass beispielsweise ein Vier-Personen-Haushalt in Rostock so bis zu 305 Euro im Jahr spart. Wir empfehlen zur Tarifsuche die beiden Preisvergleichsportale Check 24.de und Verivox.de. Allerdings sollten Sie die Portale nicht unkritisch nutzen, sondern ungünstige Voreinstellungen so verändern, dass sie zu Ihrem Nutzerverhalten passen. Wie das geht, erfahren Sie kostenlos unter test.de/stromtarifsuche.

Auch bei den Heizkosten gibt es viel Einsparpotenzial. Zum Beispiel durch das richtige Lüften, indem Sie lieber zweimal am Tag für wenige Minuten die Fenster richtig öffnen, statt sie den ganzen Tag über auf Kipp zu stellen. Oder durch eine minimale Absenkung der Raumtemperatur – denn schon ein Grad weniger spart 6 Prozent Heizkosten. Wer mit Gas heizt, kann auch hier durch einen Anbieterwechsel mühelos Jahr für Jahr mehrere Hundert Euro sparen. Mehr dazu finden Sie unter test.de, Suchwort „Gasanbieter".

2 DAS KOMMUNIKATIONS-GELDFRESSERCHEN

Mobilfunkverträge sind Verstecke, in denen sich die Geldfresserchen so richtig wohl fühlen. Passt Ihr Vertrag zu Ihrem Telefonverhalten? Häufig sind teure Allnet-Flats überdimensioniert, wenn das Smartphone überwiegend für Online-Aktivitäten und nur gelegentlich zum Telefonieren genutzt wird. Besonders gern verkaufen Mobilfunkanbieter Smartphones für wenige oder gar nur einen Euro – aber nur in Verbindung mit einem Zweijahresvertrag. Und wenn der pro Monat beispielsweise 39,99 Euro kostet, zahlen Sie am Ende inklusive der Einmalzahlung von oft 80 Euro für ein Mittelklasse-Smartphone rund 1 080 Euro. Billigere Variante: Suchen Sie sich einen günstigen Tarif ohne Gerätesubvention, der optimal auf Sie zugeschnitten ist. Bei monatlichen Kosten von vielleicht nur 15 Euro und einem einmaligen Smartphone-Kauf von 380 Euro sparen Sie im Lauf von zwei Jahren 340 Euro. Mit welchem Tarif Sie am besten fahren, können Sie unter test.de/handytarife prüfen. Dort finden Sie gegen eine Gebühr von 2,50 Euro die günstigsten Angebote übersichtlich nach Nutzerprofil zusammengestellt.

3 DAS MOBILITÄTS-GELDFRESSERCHEN

Hier bietet sich den Geldfresserchen ein besonders üppiges Büfett: Beim Kauf des Autos, bei der Autoversicherung und beim eigenen Mobilitätsverhalten können sie sich so richtig austoben. Klar ist beim Autokauf: Mit einem „jungen Gebrauchten" können Sie im Vergleich zum Neuwagen viel Geld sparen, weil Sie von den hohen Wertverlusten in den ersten Jahren verschont bleiben. Einsparungen im dreistelligen Bereich sind drin, wenn Sie regelmäßig Ihre Kfz-Versicherung überprüfen – mehr dazu finden Sie ab S. 112. Beim Mobilitätsverhalten geht es in erster Linie um die Verbrauchskosten: Öfter mal auf Kurzstrecken das Fahrrad benutzen und den

Wagen stehen lassen spart Spritkosten. Und vielleicht können Sie sich sogar die generelle Frage nach dem Sinn und Zweck eines eigenen Autos stellen, wenn Sie in einer Großstadt wohnen und meistens mit öffentlichen Verkehrsmitteln unterwegs sind. Gerade in Ballungsregionen gibt es interessante Carsharing-Angebote, bei denen mehrere Nutzer sich ein Auto teilen und damit Kfz-Kosten sparen können. Finanziell interessant ist Carsharing für alle, die weniger als 10 000 Kilometer im Jahr fahren. Legen Sie weniger als 2 500 Kilometer zurück, sollten Sie unbedingt zum Carsharing wechseln. Anbieter mit festen Stationen sind dabei preisgünstiger als „freie Flotten" wie car2go oder DriveNow. Mehr dazu unter www.test.de, Suchwort „Carsharing".

4 DAS SHOPPING-GELDFRESSERCHEN

Die Einkaufstüten sind voll, der Geldbeutel leer, und womöglich kommt am Monatsende noch die dicke Kreditkartenabrechnung für die Shoppingtour hinzu. Kommt Ihnen das bekannt vor? Doch Schönes muss nicht teuer sein – zum Beispiel dann, wenn man sich schicke Klamotten für einen besonderen Anlass günstig ausleiht, statt sie für teures Geld zu kaufen. Praxistipp für alle, denen beim Shoppen die Kosten aus dem Ruder laufen: Nehmen Sie nur Bargeld mit und lassen Sie Ihre Kreditkarte zu Hause, dann ist das finanzielle Limit auf ganz einfache Weise gesichert.

5 DIE FINANZ-GELDFRESSERCHEN

Auch dort, wo es ums Geld geht, fühlen sich die gefräßigen Hausgenossen pudelwohl. In den einzelnen Kapiteln dieses Buches können Sie sich im Detail darüber informieren, wie Sie verhindern, dass zu teure Girokonten, unpassende Versicherungen, falsches Verhalten bei der Geldanlage oder ungünstige Kredite an Ihrem Budget knabbern.

HAUSHALTSBUCH ALS FAHNDUNGSHELFER

Auch wenn es ein bisschen nach Hausfrauen-Buchführung aus den fünfziger Jahren klingt: Das Haushaltsbuch ist immer noch das beste Hilfsmittel, um den Geldfresserchen auf die Spur zu kommen. Sie müssen ja nicht nach alter Väter Sitte Ihre Zahlenkolonnen mit Bleistift ins Heft schreiben – inzwischen gibt es Haushaltsbücher längst als Online-Anwendung, Excel-Vorlage oder Smartphone-App.

Welche Variante Ihnen auch immer zusagt: Versuchen Sie, über einen Zeitraum von mindestens drei Monaten Ihre Einnahmen und Ausgaben möglichst vollständig zu erfassen, und vergessen Sie nicht, einmal pro Jahr anfallende Posten wie Urlaubsausgaben oder Versicherungsprämien auf die einzelnen Monate umzulegen. Um Ihre Einsparpotenziale zu ermitteln, können Sie dann beispielsweise die Ausgaben in drei Kategorien einteilen: wichtig, nützlich für ein gutes Lebensgefühl und überflüssig.

800 €

Ersparnis im Jahr können für einen Vier-Personen-Haushalt allein bei den **Stromkosten** drin sein – ohne große Mühe.

520 €

bleiben am Ende des Jahres mehr im Geldbeutel, wenn Sie das **Einkaufsverhalten** so optimieren, dass Sie pro Woche 10 Euro weniger ausgeben.

65

von 100 Deutschen führen laut einer Umfrage der Creditplus Bank **kein Haushaltsbuch** und verschenken damit ein großes Optimierungspotenzial.

1 €

für ein **Top-Smartphone:** Das ist kein Schnäppchen, wenn Sie dafür einen Mobilfunkvertrag mit hohen monatlichen Gebühren abschließen müssen.

KLEINVIEH?

VIELE BUNDESBÜRGER MACHEN aus Bequemlichkeit keine Steuererklärung und schenken dem Finanzamt damit bares Geld.

Freiwillig zurückzahlen? Nicht beim Staat: Zu viel gezahlte **STEUER** behält er einfach ein, wenn Sie keine Einkommensteuererklärung einreichen.

ACHTUNG!

Im Schnitt verschenken die Bundesbürger 935 Euro pro Jahr, weil sie die freiwillige Steuererklärung nicht machen.

AUF DER HITLISTE DER SPASSBREMSEN steht die Steuererklärung mit ihren komplizierten Formularen und unverständlichen Fachbegriffen ganz weit oben. Deshalb sparen sich viele Steuerzahler die Mühe – und werfen gutes Geld aus dem Fenster, weil sie damit auch auf Rückerstattungen verzichten, die ihnen zustehen würden. Doch es gibt zumindest für Arbeitnehmer eine einfache Lösung.

MACHT AUCH MIST!

WENN SIE ARBEITNEHMER SIND, können Sie eine vereinfachte Steuererklärung abgeben, die sich in wenigen Minuten erstellen lässt.

Je nach Zusammensetzung von Einkommen und Werbungskosten können Sie in günstigen Fällen mehrere **HUNDERT EURO** vom Staat zurückholen.

Verspätung? Kein Problem: Die vereinfachte Steuererklärung können Sie sogar bis zu vier Jahre **RÜCKWIRKEND** abgeben.

DIE VEREINFACHTE STEUERERKLÄRUNG ist auch für Laien verständlich, weil das Finanzamt die Vordrucke auf nur noch zwei Formularseiten eingedampft hat. Die „Steuererklärung light", die unter der Formularbezeichnung „ESt 1V" geführt wird, können Sie in Anspruch nehmen, wenn Sie außer dem Einkommen aus nichtselbstständiger Arbeit keine weiteren Einkünfte haben.

STEUERERKLÄRUNG LIGHT: FÜR WEN SIE SICH LOHNT

Mit der vereinfachten Steuererklärung können Sie mit wenigen Minuten Aufwand eine Menge Geld vom Fiskus zurückholen, wenn Sie einige Voraussetzungen erfüllen.

EST 1V: WAS VERBIRGT SICH DAHINTER?
Während die herkömmliche Einkommensteuererklärung je nach Familienstand und Einkunftsarten schon mal 10 bis 20 Formularseiten umfassen kann, bietet das Finanzamt mit dem Formular ESt 1V eine kompakte Version auf nur zwei Seiten. Sie dürfen diese Version aber nur benutzen, wenn Sie lediglich Einkünfte aus nichtselbstständiger Arbeit, Versorgungsbezügen oder bestimmten Lohnersatzleistungen haben – also keine Nebeneinkünfte aus Vermietung oder nebenberuflicher Selbstständigkeit. Solange es sich um eine freiwillige Steuererklärung handelt, kann die Abgabe bis zu vier Jahre rückwirkend erfolgen.

Das Formular müssen Sie beim Finanzamt holen oder es sich als PDF-Dokument herunterladen – am besten direkt vom Server des Bundesfinanzministeriums unter https://www.formulare-bfinv.de/. Sie können es am Bildschirm ausfüllen. Nach dem Ausdrucken müssen Sie die Erklärung unterschreiben und in Papierform beim Finanzamt einreichen – die elektronische Übermittlung per ELSTER ist nicht möglich.

WANN GIBT ES GELD ZURÜCK?
Die Steuererklärung im Mini-Format lohnt sich für viele. Hier drei typische Beispiele:

- **Schwankendes Einkommen.** Wenn Sie jeden Monat unterschiedlich viel verdienen, weil Sie etwa schwankende Arbeitszeiten haben, ist am Jahresende die einbehaltene Lohnsteuer oft zu hoch und kann anteilig zurückgeholt werden.
- **Studienbeginn oder -ende.** Die Höhe des Lohnsteuerabzugs ist so ausgelegt, als würden Sie jeden Monat dasselbe Gehalt bekommen. Hatten Sie jedoch einige Monate im Kalenderjahr kein Einkommen, weil Sie ein Studium begonnen oder beendet haben, besteht oft Anspruch auf Steuerrückzahlung.
- **Hohe Werbungskosten.** Berücksichtigt wird bei der Lohnsteuerermittlung der Arbeitnehmerpauschbetrag von 1 000 Euro pro Jahr. Sind Ihre Werbungskosten höher, etwa weil Sie einen

Diese Pauschalen können Arbeitnehmer nutzen

Diese Pauschalen helfen Ihnen beim Steuersparen. Besonders die Entfernungspauschale kann viel Geld bringen, wenn Sie es weiter zur Arbeit haben. Bei 30 Kilometern können Sie über 2000 Euro absetzen.

Pauschale	Das können Sie absetzen
Entfernungspauschale	pro Kilometer zwischen Wohnung und Arbeitsort 0,30 Euro; anerkannt werden meist jährlich 225 Arbeitstage bei einer 5-Tage-Woche, beziehungsweise 280 Arbeitstage bei einer 6-Tage-Woche.
Kontoführungskosten	16 Euro pro Jahr ohne Nachweis
Reinigungskosten von Berufskleidung	103 Euro erkennt das Finanzamt meist dafür an

langen Arbeitsweg haben, gibt es vom Finanzamt Geld zurück. Konkret: Bei einer Entfernung von 30 km zwischen Wohnung und Arbeitsstätte betragen alleine die steuerlichen Fahrtkosten (30 km x 0,30 Euro Kilometerpauschale x 225 Arbeitstage) jährlich 2025 Euro.

WAS SOLLTEN SIE BEACHTEN?

Wenn Sie nur Steuern zurückholen wollen, weil Ihr Einkommen unterjährig schwankt oder Sie hohe Werbungskosten hatten, können Sie sich auf das zweiseitige Formular beschränken. Neben Ihren persönlichen Daten müssen Sie nur die eTin aus Ihrer Lohnsteuerbescheinigung, die Anschrift Ihres Arbeitsortes und die konkreten Zahlen zu den Werbungskosten eingeben.

Dazu kommen unter Umständen die folgenden Zusatzformulare:

▶ **die Anlage Kind,** wenn Kinder steuerlich zu berücksichtigen sind,

▶ **die Anlage VL,** wenn Sie vermögenswirksame Leistungen bekommen und Anspruch auf Arbeitnehmersparzulage haben,

▶ **die Anlage Vorsorgeaufwand,** wenn Sie bestimmte Versicherungsbeiträge etwa für die Haftpflichtversicherung geltend machen wollen, oder

▶ **die Anlage AV,** wenn Sie einen Riester-Vertrag besparen und zusätzlich zur Riester-Zulage noch die steuerliche Vergünstigung über den Sonderausgabenabzug in Anspruch nehmen möchten.

GELDVERDUNSTER?

KLEINE GEBÜHREN können sich im Lauf der Zeit zu hohen Beträgen addieren – so etwa die Gebühren fürs Girokonto.

1200 Euro verdunsten weitgehend **UNBEMERKT** auf dem Girokonto, wenn Sie zehn Jahre monatlich 10 Euro Gebühren zahlen.

Wenn rote Zahlen auf dem Konto zum Dauerzustand werden, **VERFLÜCHTIGT** sich viel Geld über hohe Zinskosten – denn der Dispokredit ist die teuerste Kreditart.

LANGSAM, ABER STETIG: Hier ein paar Euro, dort ein paar Cent – Banken verstehen sich sehr gut darauf, wie man mit regelmäßigen kleinen Beträgen den Kunden nach und nach eine Menge Geld aus der Tasche zieht. Sie setzen darauf, dass sich der Kunde nicht die Mühe macht, die anfallenden Kleinbeträge auf einen längeren Zeitraum hochzurechnen.

KOSTENDECKEL!

MACHEN SIE SCHLUSS mit den schleichenden Verlusten. Ein Wechsel des Kontomodells oder der Bank kann einiges sparen.

Alternative 1:
Prüfen Sie, ob Ihre Bank Ihnen ein Kontomodell anbietet, das **WENIGER KOSTEN** verursacht als Ihr aktuelles Konto.

Alternative 2:
Beim Wechsel zu einer Bank mit einem dauerhaft **KOSTENLOSEN** Girokonto macht sich die Mühe oft innerhalb kurzer Zeit bezahlt.

EHE SICH IHR GELD IN HEISSE LUFT AUFLÖST: Ermitteln Sie anhand Ihrer Gebührenabrechnungen, was Ihr Girokonto im Lauf eines Jahres kostet. Manchmal genügen schon kleine Umstellungen, um die Kosten zu reduzieren. Die größte Ersparnis bringt der Wechsel zu einer Bank, die kostenlose oder günstige Girokonten anbietet – und das auf Dauer und nicht als einmalige Lockvogel-Aktion.

EXTRA-TIPP
Für 75 Cent erfahren Sie
unter test.de/girokonten,
welche Konten beson-
ders günstig sind.

Ein Wechsel
lohnt sich besonders,
wenn Sie für ein Online-
konto bisher mehr als
40 EURO IM JAHR
ausgeben und für ein
Filialkonto mehr als
80 Euro.

DIE FÜNF KOSTENDECKEL FÜR MEIN KONTO

Wenn Sie Ihr bestehendes Konto auf Einsparmöglichkeiten abklopfen oder die Anbieter für ein neues Girokonto vergleichen, sollten Sie die wichtigsten Kostenpunkte im Blick haben. Achten Sie darauf, dass Sie in möglichst allen fünf kritischen Bereichen den Kostendeckel draufmachen können.

1 GRUNDGEBÜHR. Maß aller Dinge ist das kostenlose Girokonto. Prüfen Sie, ob Ihre Hausbank auf die monatliche Grundgebühr verzichtet, wenn Sie Ihr Konto ausschließlich online führen.

2 KARTEN. Die Bank- beziehungsweise Girocard sollte kostenlos enthalten sein. Günstige Banken bieten sogar eine kostenlose Kreditkarte mit an.

3 GELDAUTOMAT. Achten Sie darauf, dass kostenlos nutzbare Geldautomaten für Sie gut erreichbar sind. Ziehen Sie nur in Ausnahmefällen an einem kostenpflichtigen Fremdautomaten Bares.

4 DISPOZINSEN. Nutzen Sie den Dispokredit allenfalls für wenige Tage im Jahr. Günstige Alternative: ein separater Abruf- oder Rahmenkredit bei einer Direktbank.

5 VORSICHT: STERNCHENWERBUNG. Meiden Sie Angebote, die befristet sind oder nur unter bestimmten Voraussetzungen gelten. Beispiele: Kostenlose Kontoführung nur bis zum Ende der Ausbildung oder erst ab einem monatlichen Mindestgeldeingang. In letzterem Fall wird es genau dann teuer, wenn etwa wegen Arbeitslosigkeit kein Gehalt mehr eingeht und ein finanzieller Engpass droht.

GOLD?

TEURE GOLD- ODER PLATIN-KREDITKARTEN vermitteln ihren Besitzern ein wohliges VIP-Gefühl – aber der konkrete Nutzen hält sich in Grenzen.

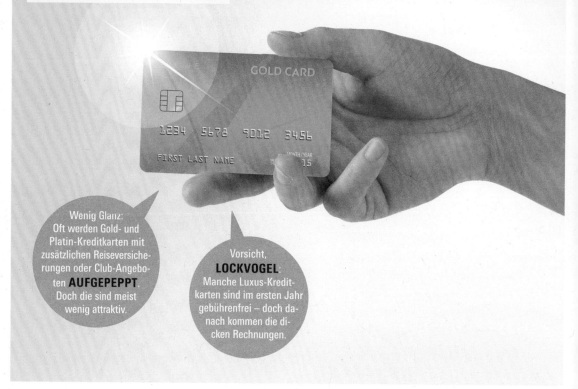

Wenig Glanz: Oft werden Gold- und Platin-Kreditkarten mit zusätzlichen Reiseversicherungen oder Club-Angeboten **AUFGEPEPPT**. Doch die sind meist wenig attraktiv.

Vorsicht, **LOCKVOGEL**: Manche Luxus-Kreditkarten sind im ersten Jahr gebührenfrei – doch danach kommen die dicken Rechnungen.

LOHNT ES SICH, 80 Euro pro Jahr oder noch mehr für eine Gold- oder Platin-Kreditkarte auszugeben? Ganz klar: nein. Die teuren Statussymbole verströmen zwar einen Hauch von Exklusivität, bieten jedoch im Grund keinen zusätzlichen Nutzen gegenüber der einfachen Kreditkarte. Auch mit der können Sie problemlos weltweit bezahlen, Geld abheben und Hotels oder Mietwagen reservieren.

PLASTIK!

EINFACHE UND BILLIGE KREDITKARTEN bieten dieselben Leistungen wie die teuren Gold- oder Platinkarten, wenn es ums bargeldlose Zahlen und Geldabheben geht.

Einige Banken bieten eine **GEBÜHRENFREIE** Kreditkarte an – teilweise gepaart mit einem kostenlosen Girokonto.

Visa- oder Mastercard? Die Leistungen sowie die **WELTWEITE AKZEPTANZ** unterscheiden sich bei den beiden großen Marktführern lediglich minimal. Lassen Sie einfach den Preis entscheiden.

GARNIERT werden die teuren Kartenprodukte gerne mit Versicherungen, die jedoch häufig nur eingeschränkten Schutz bieten oder schlichtweg überteuert sind. Auch dass man an bestimmten Flughäfen exklusive Lounges betreten darf, ist ein Extra mit begrenztem Wert. Wenn Sie eine Kreditkarte wählen, setzen Sie einfach auf pures Plastik. Die schmucklose Variante ist die bessere Wahl.

VERSICHERUNGEN, DIE KEIN MENSCH BRAUCHT

Teure Gold-Kreditkarten enthalten zwar ein ganzes Paket an Versicherungen. Doch bei näherer Betrachtung zeigt sich, dass der Versicherungsschutz oftmals unzureichend ist oder gravierende Lücken aufweist. Hier ein paar Kostproben von unnützen Versicherungen aus real existierenden Kreditkarten-Angeboten:

BARGELD-VERSICHERUNG

Die Bargeldversicherung übernimmt den Schaden, wenn Sie nach dem Geldabheben am Automaten überfallen werden. Toll? Denkste: Die Versicherung greift nur, wenn Sie das Geld mit der Gold-Karte abgehoben haben – nach dem Abheben mit der Bankkarte gibt es keinen Cent. Oft werden Sie auch nur dann entschädigt, wenn der Überfall innerhalb eines bestimmten Zeitraums von einigen Stunden nach dem Abheben stattgefunden hat.

REISEGEPÄCK-VERSICHERUNG

Bezahlt wird längst nicht alles und längst nicht immer: Notebooks sind nicht mitversichert, Schmuck nur dann, wenn er im Safe liegt oder am Körper getragen wird – und im Auto liegendes Gepäck ist nur von 6 bis 22 Uhr versichert. Auch sind die Versicherer schnell dabei, wegen fahrlässigen Verhaltens die Leistung zu verweigern – etwa dann, wenn Sie das Gepäck kurz unbeaufsichtigt lassen, weil Sie auf Toilette gehen.

MISSBRAUCHSSCHUTZ FÜRS HANDY

Wenn Ihr Handy geklaut wird und ein Fremder damit hohe Telefonkosten verursacht, zahlt die Versicherung. Aber je nach Anbieter nur bis zu 50, manchmal auch bis zu 250 Euro. Wenn es jedoch richtig teuer wird, dürfen Sie den Löwenanteil selbst berappen. Auch bei der Entschädigung für den Wert des Smartphones gelten oft Obergrenzen, die allenfalls ein Mittelklasse-Smartphone abdecken, nicht jedoch ein Gerät der Oberklasse.

EINKAUFS-VERSICHERUNG

Sie springt ein, wenn Sie nach der Shopping-Tour im Urlaub bestohlen werden – jedoch nur dann, wenn Sie die Ware mit der teuren Gold- oder Platin-Kreditkarte bezahlt haben. Und: Juwelen und Smartphones sind leider nicht versichert. Ebenso in die Röhre schauen Sie, wenn Sie bar oder mit der Bankkarte bezahlt haben. Damit kann dieser Versicherung getrost das Prädikat „vollkommen überflüssig" verliehen werden.

REISE-UNFALL-VERSICHERUNG

Hier gibt es nur Geld, wenn Ihnen der Unfall während einer Auslandsreise passiert ist. Allerdings ist der gefährlichste Ort nicht der Skiurlaub, sondern der eigene Haushalt – und dafür ist diese Versicherung leider nicht zuständig. Besser: Verzichten Sie auf diesen lückenhaften Schutz und schließen Sie lieber eine eigenständige Unfallversicherung ab, die Ihnen sowohl zu Hause als auch auf Reisen Schutz bietet.

WELCHE KARTEN BRAUCHE ICH WIRKLICH?

Ob Ihnen eine ganz normale Bankkarte – im Fachjargon „Girocard" – genügt oder ob Sie ergänzend eine Kreditkarte benötigen, hängt von Ihrem Verhalten auf Reisen und bei Zahlungen ab. Die Bankkarte ist ohnehin beim Girokonto dabei, manche Banken stellen Ihnen sogar ohne Extrakosten eine Kreditkarte zur Verfügung – die nehmen Sie dann natürlich gerne mit, auch wenn sie vielleicht nur alle paar Monate zum Einsatz kommt. Kostet die Kreditkarte zusätzliche Gebühren, sollten Sie prüfen, ob Ihnen nicht die einfache Bankkarte genügt. Im Bedarfsfall können Sie auch eine eigenständige Kreditkarte ohne Girokonto bei einem anderen Anbieter erwerben. Auch die gibt es teilweise kostenlos. Die monatlichen Umsätze werden dann von Ihrem Girokonto abgebucht.

WAS LEISTEN BANK- UND KREDITKARTEN?

Mit der Bankkarte können Sie schon das allermeiste erledigen, was zum alltäglichen Zahlungsverkehr gehört. Weil die kleinen Plastikkärtchen mit einem internationalen Zahlungssystem wie V-Pay oder Maestro verknüpft sind, können Sie sogar im Ausland an Geldautomaten Bares abheben und in Geschäften bargeldlos bezahlen. Innerhalb Europas funktioniert das im Regelfall problemlos, in exotischeren Ländern kann jedoch die Zahl der Akzeptanzstellen niedriger sein als bei Mastercard- oder Visa-Kreditkarten.

An Grenzen stoßen Sie als Kreditkarten-Abstinenzler, wenn Sie Buchungssysteme oder Shops im Internet nutzen, die nur Kreditkarten als Zahlungsmittel akzeptieren. Auch Kautionen, etwa beim Buchen von Ferienappartements oder Mietwagen, müssen Sie meist bar beim Anbieter deponieren, wenn Sie ihm keine Kreditkarte präsentieren können. Auf Kreditkarten lässt sich der Vermieter hingegen lediglich eine Abbuchungsvormerkung genehmigen, die er nur im Schadensfall durchführt. Damit entfällt das Hantieren mit größeren Bargeldbeträgen.

WAS IST IM AUSLAND AM BESTEN?

Welche Kartenvariante beim Abheben an ausländischen Geldautomaten günstiger ist, lässt sich nicht pauschal beurteilen. Maßgebend ist immer das Preisverzeichnis des

Kartenherausgebers. Dort sollten Sie auf die Abhebungsgebühr und bei Transaktionen außerhalb des Euro-Raums noch auf die „Auslandseinsatzgebühr" achten. Am besten schauen Sie vor Ihrer Abreise kurz in die Preisverzeichnisse und entscheiden dann, welche Karte am Automaten zum Einsatz kommen soll.

DEBIT ODER CREDIT CARD?

Bei der „echten" Kreditkarte werden die Umsätze gesammelt und jeweils am Monatsende abgerechnet. Damit bekommen Sie vom Herausgeber der Karte praktisch einen bis zu einmonatigen Kredit eingeräumt. Diese Variante wird auch als „Credit Card" bezeichnet.

Die Debit Card veranlasst hingegen nach jedem Umsatz die sofortige Abbuchung von Ihrem Girokonto. Damit funktioniert sie wie eine Bankkarte, bei der auch nach dem Einkauf im Supermarkt das Konto umgehend belastet wird. Kostenlose Kreditkarten fallen häufig in diese Kategorie.

Zumindest in der Theorie bietet Ihnen die Credit Card den Vorteil, dass Sie bis zum Monatsende einen zinslosen Kredit erhalten. Das zahlt sich jedoch nur aus, wenn Ihr Konto ansonsten durch die sofortigen Abbuchungen ins Minus rutschen würde – und das sollten Sie ohnehin vermeiden. Bei der Debit Card wird hingegen sofort abgerechnet, und so müssen Sie nicht befürchten, dass am Monatsende noch eine saftige

Rechnung kommt. Damit ist die vermeintliche Billigvariante in Form der Debit Card sogar die bessere Lösung, wenn es Ihnen schwerfällt, den Überblick über die noch nicht abgerechneten Kartenumsätze zu behalten.

Darüber hinaus gibt es noch Prepaid-Kreditkarten, die vor dem Einsatz mit Guthaben aufgeladen werden müssen. Diese Karten eignen sich beispielsweise für Jugendliche bei Auslandsaufenthalten, weil Schulden ausgeschlossen sind.

WAS SIND REVOLVING-KREDITKARTEN?

Achten Sie darauf, dass Sie nicht versehentlich eine sogenannte Revolving-Kreditkarte erwischen. Bei diesen Kreditkarten ist der Ratenkredit gleich mit dabei. Das bedeutet: Es wird nicht der monatliche Gesamtumsatz abgebucht, den Sie mit der Karte hatten, sondern nur eine zuvor vereinbarte feste Rate. Den Rest Ihrer Schulden führt der Anbieter als verzinsten Kredit weiter und Sie stottern ihn in monatlichen Raten ab. Das ist angesichts der Kreditzinsen von oftmals mehr als 10 Prozent nicht nur teuer, sondern auch gefährlich: Je länger Sie Kreditkartenschulden vor sich herschieben, umso eher verlieren Sie den Überblick. Daher sollten Sie Revolving-Kreditkarten meiden oder bei Kartenherausgebern, die sowohl die Direktabrechnung wie auch das Abstottern anbieten, die automatische Umwandlung in einen Kredit abwählen.

NIMM EINS?

ONLINEBANKING AUF DEM SMARTPHONE ist bequem, birgt jedoch bei nachlässiger Nutzung Gefahren.

Dateneingabe und TAN-Empfang auf ein und demselben Gerät sind beim Onlinebanking **RISKANT**

UNSICHER: Wenn Sie beim Onlinebanking Mobilfunk-Transaktionsnummern (mTAN) einsetzen, sollten Sie mit dem Smartphone, auf dem Sie die mTAN empfangen, keine Dateneingabe für die Überweisung durchführen. Sollten sich Hacker Zugriff auf Ihr Smartphone verschafft haben, könnten sie die komplette Transaktion umleiten, weil sie über den Legitimierungscode verfügen.

NIMM ZWEI!

ZWEI UNTERSCHIEDLICHE GERÄTE für TAN-Empfang und Transaktion bieten mehr als die doppelte Sicherheit.

TAN-Empfang am Smartphone, Dateneingabe am PC: So können Sie das Missbrauchsrisiko minimieren. **AM SICHERSTEN** ist es, wenn diese mit zwei unterschiedlichen Betriebssystemen laufen.

SICHER: Mit der Nutzung von zwei verschiedenen Geräten – am besten Smartphone und PC – vermeiden Sie, dass bei der Infizierung eines Geräts durch Schadsoftware die vollständige Transaktion gekapert und umgeleitet werden kann. Dass ein und derselbe Hacker sowohl Ihr Smartphone als auch Ihren PC unter seine Kontrolle bringt, ist sehr unwahrscheinlich.

DIE METHODEN DER ONLINEGANGSTER

Einbrüche und Diebstähle finden immer häufiger nicht nur im „analogen Leben", sondern auch im Internet statt. Mit ausgefeilten Methoden versuchen Onlinekriminelle, an die Bank- oder Kreditkartendaten von Verbrauchern zu gelangen. Ein Überblick über das aktuelle Arsenal der Onlinegangster.

PHISHING

Phishing ist ein Kunstwort, das sich aus dem englischen Begriff „fishing" für „Angeln" ableitet. Betrüger versuchen, Passwörter und Transaktionsnummern (TANs) „abzufischen". Köder sind gefälschte E-Mails, die angeblich zum Beispiel von der Hausbank, dem Bezahlsystem oder dem Onlinekaufhaus kommen. Darin werden Kunden aufgefordert, sich auf einer – natürlich ebenfalls gefälschten – Internetseite des angeblichen Absenders einzuloggen und dort ihre Zugangsdaten einzugeben.

TROJANER

Per E-Mail oder durch den Besuch einer infizierten Internetseite kommt ein Schadprogramm auf den Rechner. Dieses versucht, online übermittelte Passwörter oder Tastatureingaben abzufangen und an Onlinebetrüger zu senden. Diese probieren dann, sich mit den abgefangenen Daten Zugang zu Konten bei Banken, Onlinehändlern oder E-Mail-Providern zu verschaffen. Besonders perfide: Trojaner verrichten ihr Werk oft im Hintergrund, sodass Sie deren Existenz erst bemerken, wenn der Schadensfall eintritt.

MAN IN THE MIDDLE

Betrüger schalten sich in die Kommunikation zwischen Bankkunde und Bank, um Zugangsdaten abzugreifen, die dann nie bei der Bank ankommen. Der Umweg, den Bankkunden über das Versenden einer E-Mail zur Preisgabe seiner Daten zu verleiten, entfällt. Damit lassen sich Beträge oder Empfängerdaten so manipulieren, dass statt 200 Euro an den Versandhändler 10 000 Euro auf das Konto eines Strohmanns fließen, der das Geld dann sofort ins Ausland weiterleitet.

SKIMMING

Geldautomaten oder Kartenterminals an der Kasse werden so manipuliert, dass Betrüger Daten von den Magnetstreifen der Kreditkarten oder Girocards abgreifen können. Beispielsweise werden auf den Originalkartenleser am Automaten manipulierte Kartenleser gebaut oder in Kartenterminals Schadsoftware eingeschleust. Die gestohlenen Kartendaten werden auf Kartenrohlinge kopiert, mit denen die neuen Besitzer ohne Ihr Wissen einkaufen gehen können.

MTAN-BETRUG

Eine mTAN ist eine mobile Transaktionsnummer, die per SMS auf das Handy des Bankkunden geschickt wird, um Überweisungen am PC zu autorisieren. Zuerst spähen die Betrüger den Onlinezugang zum Bankkonto mitsamt Passwort aus. Gleichzeitig besorgen sie sich die Mobilfunknummer des Kunden und damit eine zweite Sim-Karte. So bekommen die Betrüger die mTANs auf das eigene Handy und können selbst Überweisungen durchführen.

ONLINEBANKING, ABER SICHER

Wenn Sie Ihre Bankgeschäfte über den PC oder das Smartphone abwickeln, hat Sicherheit oberste Priorität. So wie Sie nicht einfach Ihre Haustür offenstehen lassen, wenn Sie in den Urlaub fahren, sollten Sie dafür sorgen, dass die Hürden für digitale Eindringlinge möglichst hoch sind. Dazu genügen schon ein paar einfache Maßnahmen.

BETRIEBSSYSTEME AKTUELL HALTEN

Zunächst einmal sollten Sie so gut wie möglich verhindern, dass Ihr PC oder Smartphone mit Schadprogrammen infiziert wird. Halten Sie Ihr Betriebssystem immer aktuell und installieren Sie regelmäßig die Sicherheitsupdates. Auf dem Computer sollte ein Virenschutzprogramm laufen, das Sie natürlich ebenfalls immer auf dem neuesten Stand halten sollten. Wenn Sie Apps auf Ihrem Smartphone installieren, sollten diese ausschließlich aus den offiziellen App-Stores stammen.

Dann sollten Sie sich stets darüber im Klaren sein, dass Ihnen Ihre Bank niemals eine E-Mail schickt, um wegen angeblicher technischer Probleme oder zur Freischaltung eines vermeintlich gesperrten Kontos Passwörter oder TANs abzufragen. Solche E-Mails stammen ausnahmslos von Onlinebetrügern, die sich mit dem Versand von Massenmails auf die Suche nach arglosen Opfern begeben. Wenn Sie die Website Ihrer Bank aufrufen, sollten Sie die Internetadresse immer manuell in Ihren Browser eingeben und darauf achten, dass eine verschlüsselte Verbindung – erkennbar an dem Kürzel „https" in der Adresszeile – aufgebaut wird.

KANALTRENNUNG BRINGT SICHERHEIT

Immer wenn bei Bankgeschäften das Passwort für den Zugang zur Onlinefiliale und die TAN für die Einzeltransaktion auf zwei verschiedenen Zugangswegen abgefragt und übermittelt werden, erreicht Onlinebanking einen hohen Sicherheitsstandard. Man spricht dann von „Kanaltrennung". Dafür können Sie PC und Mobiltelefon beim mTAN-Verfahren oder PC und Chipkartenleser mit der optischen TAN nutzen.

Dazu kommen noch die elementarsten Sicherheitsregeln: Speichern Sie niemals irgendwelche Passwörter auf dem PC und führen Sie keine Bankgeschäfte auf öffentlich zugänglichen Computern aus. Und: Brechen Sie Transaktionen sofort ab und informieren Sie Ihre Bank, wenn während des Onlinebankings irgendwelche außergewöhnliche Fehlermeldungen auf dem Bildschirm erscheinen.

WAS TUN IM ERNSTFALL?

Wenn Ihr Konto gehackt wurde, Ihre Bankkarte abhandengekommen ist oder Sie sonst in irgendeiner Weise einen missbräuchlichen Zugriff auf Ihr Bankkonto bemerken, ist schnelles Handeln Pflicht. Setzen Sie sich umgehend mit Ihrer Bank in Verbindung, um im Idealfall noch verhindern zu können, dass Geld ins Ausland transferiert wird. Für die Sperrung von Bank- und Kreditkarten stehen Notrufnummern zur Verfügung, die Sie am besten in Ihr persönliches Telefonverzeichnis eintragen. Handelt es sich eindeutig um betrügerische Zugriffe aufs Konto, sollten Sie überdies bei der Polizei Anzeige erstatten.

Geld weg – wer haftet?

Zweigen Kriminelle Geld von Ihrem Konto ab, dann stellt sich die Frage, wer für den Schaden aufkommen muss. **Grundsätzlich ist zunächst einmal die Bank in der Pflicht – mit einer Ausnahme:** Wenn Sie Ihre Sorgfaltspflichten verletzt haben, bleiben Sie auf dem Schaden sitzen. Eine solche Pflichtverletzung liegt etwa dann vor, wenn Sie die Geheimzahl auf einen Zettel notieren und diesen zusammen mit der Bankkarte im Geldbeutel mit sich führen. Auch wenn Sie auf eine Phishing-E-Mail hereingefallen sind und Ihre Bankdaten an Kriminelle herausgegeben haben, wird dies nach einem Urteil des Bundesgerichtshofs als Verletzung der Sorgfaltspflicht gewertet (Aktenzeichen XI ZR 96/11).

Sind Sie hingegen trotz sorgfältigen Umgangs mit Ihren persönlichen Bank- oder Kreditkartendaten Opfer von Betrügern geworden, müssen Sie beim Missbrauch von Bankkarten bis zur Verlustmeldung mit **maximal 150 Euro** selbst haften. Danach kommen keine weiteren Haftungsrisiken auf Sie zu, weil die Bank für weitere Schäden geradestehen muss.

ERST GELD, DANN WARE?

VORAUSKASSE SOLLTEN Sie als Zahlungsform beim Onlineshopping meiden, weil damit hohe Risiken verbunden sind.

Immer wieder kursieren Berichte über Vorkassebetrug, bei dem **KRIMINELLE** Onlinehändler Geld einsammeln und sich dann aus dem Staub machen.

RISKANTER VERTRAUENSVORSCHUSS: Wenn Sie beim Onlineshopping per Vorauskasse zahlen, müssen Sie darauf vertrauen, dass die bestellte Ware ordnungsgemäß geliefert wird. Geht der Händler pleite, ist Ihr Geld weg. Auch bei Reklamationen wegen Falschlieferungen oder Qualitätsmängeln haben Sie eine schlechte Verhandlungsposition, wenn Sie alles im Voraus bezahlt haben.

WARE GEGEN GELD!

BEHALTEN SIE ZUMINDEST so lange die Hand auf dem Geld, bis die Ware ordnungsgemäß geliefert worden ist.

Wird nach der Lieferung gezahlt oder besteht eine Rückbuchungsoption, können Sie sich **WIRKSAM** vor unseriösen Händlern schützen.

FAIRE ABWICKLUNG: Achten Sie beim Onlineshopping darauf, dass Sie das Geld entweder erst nach Wareneingang überweisen oder gezahlte Beträge zurückbuchen können, wenn die Ware nicht geliefert wird. Solche Rückholoptionen bieten beispielsweise das Lastschriftverfahren, in gewissem Umfang auch Kreditkartenzahlungen sowie Zahlungsverfahren mit Käuferschutzsystemen.

WIE ZAHLEN BEIM ONLINESHOPPING?

Klar: Am verbraucher-freundlichsten ist der Onlinekauf auf Rechnung. Sie erhalten die Ware, können sie in aller Ruhe prüfen und begleichen dann die Rechnung per Überweisung. Gibt es Anlass zur Reklamation, können Sie das Geld einbehalten, bis die Sache geklärt ist. Doch nur ein Teil der Onlineshops liefert auf offene Rechnung – denn viele Händler haben Angst vor Zahlungsausfällen. Bevor Sie sich für eine andere Zahlungsmethode entscheiden, sollten Sie Vor- und Nachteile der einzelnen Varianten abwägen.

VORKASSE

Der Händler liefert die bestellte Ware erst dann, wenn der vom Kunden überwiesene Betrag auf seinem Konto gutgeschrieben ist.
Vorteile: keine, weil Sie als Käufer dem Anbieter blind vertrauen müssen.
Nachteile: Wird der Anbieter zahlungsunfähig, ist der Großteil des im Voraus gezahlten Geldes verloren. Auch wenn sich der Verkäufer bei Falschlieferungen oder Reklamationen querstellt, haben Sie kein Druckmittel in der Hand.

NACHNAHME

Der Paketdienst kassiert den zu zahlenden Betrag in bar bei der Übergabe des Paketes.
Vorteile: Anders als bei der Vorkasse ist hier sichergestellt, dass Sie erst bei Eintreffen der Lieferung bezahlen müssen.
Nachteile: Prüfen können Sie die gelieferte Ware erst, wenn das Geld bereits übergeben ist. Damit sind Sie bei falschen Lieferungen oder Reklamationen in einer ungünstigen Position. Und: Bei Nachnahme fallen zusätzliche Gebühren an.

KREDITKARTE

Je nach Kreditkartenart wird das Geld sofort oder mit der monatlichen Abrechnung von Ihrem Konto abgebucht.

Vorteile: Liefert der Händler keine oder fehlerhafte Ware, können Sie die Zahlung stornieren lassen. Allerdings müssen Sie die Stornierung in der Regel begründen und den Zahlungsempfänger benachrichtigen.

Nachteile: Händler müssen vergleichsweise hohe Gebühren an die Kartenunternehmen zahlen. Diese Kosten geben sie zuweilen in Form höherer Versandgebühren an den Kunden weiter.

PAYPAL

Der Kunde hinterlegt bei Paypal seine Kreditkarten- oder Kontodaten, der Verkäufer kann sich das Geld nach der Gutschrift auf sein Paypal-Konto auszahlen lassen.

Vorteile: Die Zahlung wird innerhalb weniger Minuten bestätigt, der Versand kann schnell erfolgen. Der Käuferschutz sorgt in bestimmten Grenzen dafür, dass Sie das Geld zurückholen können, wenn der Verkäufer sich unseriös verhält oder nicht liefert.

Nachteile: Paypal hat seinen Sitz in den USA, die Transaktionen werden nach dem dort geltenden Recht abgewickelt.

LASTSCHRIFT

Der Verkäufer erhält in Form eines SEPA-Lastschriftmandats das Recht, das Geld vom Girokonto des Käufers abbuchen zu lassen.

Vorteile: Liefert der Händler nicht oder weigert er sich, fehlerhafte Ware umzutauschen, können Sie den Betrag innerhalb von acht Wochen wieder zurückholen. Damit ist die Lastschrift die verbraucherfreundlichste Zahlungsmethode, wenn der Händler keine Lieferung auf offene Rechnung anbietet.

Nachteile: keine.

FREISTELLUNGSAUFTRAG – WIE NUTZE ICH IHN RICHTIG?

Wer Geld verdient, muss Steuern zahlen. Das gilt auch für Einkünfte aus Kapitalerträgen, für die der Fiskus die Abgeltungsteuer erhebt. Diese beträgt 25 Prozent der Einkünfte aus Zinsen, Aktiendividenden und Kursgewinnen. Hinzu kommt der Solidaritätszuschlag.

Das heißt: Auf 100 Euro Kapitalerträge werden 25 Euro Abgeltungsteuer plus Solidaritätszuschlag fällig. Der beträgt 5,5 Prozent von 25 Euro, also 1,38 Euro. Wenn Sie Kirchenmitglied sind, kommen noch einmal je nach Bundesland 8 oder 9 Prozent von 25 Euro an Kirchensteuer obendrauf, also im schlechteren Fall 2,25 Euro.

Doch Abgeltungsteuer müssen Sie erst zahlen, wenn Ihre Einkünfte aus Kapitalvermögen höher sind als der Sparerpauschbetrag. Dieser beträgt jährlich 801 Euro für Ledige und 1602 Euro für Ehe- und gesetzliche Lebenspartner.

Die Abgeltungsteuer führt die Bank direkt an das Finanzamt ab, wenn sie Ihnen beispielsweise Zinsen gutschreibt oder Sie Wertpapiere mit Gewinn verkaufen. Um zu vermeiden, dass auch Erträge besteuert werden, die unterhalb des Sparerpauschbetrags liegen, müssen Sie der Bank einen Freistellungsauftrag erteilen. Dazu finden Sie hier nun die wichtigsten Fragen und Antworten rund um die Besteuerung von Zinsen und Kapitalerträgen.

1 WIE ERTEILE ICH DEN FREISTELLUNGSAUFTRAG?

Das Formular für den Freistellungsauftrag erhalten Sie von Ihrer Bank. Sie füllen es einfach aus und geben es unterzeichnet in Ihrer Bankfiliale ab. Wenn Sie Kunde einer Direktbank sind, können Sie den Freistellungsauftrag entweder per Post einsenden oder per Onlinebanking erteilen.

2 WIE LANGE IST DER FREISTELLUNGSAUFTRAG GÜLTIG?

Hier haben Sie die Wahl: Sie können den Auftrag befristen oder ihn unbefristet laufen lassen. Bei befristeten Aufträgen zieht die Bank Abgeltungsteuer von allen Erträgen ab, die nach dem Ablaufdatum gutgeschrieben beziehungsweise ausgezahlt werden. Der unbefristete Freistellungsauftrag gilt so lange, bis Sie Ihrer Bank einen neuen erteilen.

Wofür der Freistellungsauftrag gilt und wofür nicht

Nicht für alle Geldanlagen zahlen Sie Abgeltungsteuer. Manche Anlagen werden anders besteuert. Dann können Sie auch keinen Freistellungsauftrag dafür nutzen. Hier sehen Sie, für welche Kapitalerträge er gilt.

Gültig für	Nicht gültig für
– Zinseinkünfte, – Dividendenausschüttungen, – wieder angelegte Ausschüttungen bei Fonds, – Kursgewinne bei Wertpapieren jeglicher Art, – Erträge aus Lebens- und Rentenversicherungen, die weniger als 12 Jahre Laufzeit haben oder vor dem 60. oder 62. Geburtstag ausgezahlt werden (je nachdem, wann Sie den Vertrag abgeschlossen haben).	– Erträge aus Riester- und Rürup-Verträgen (die werden im Rentenalter besteuert), – Einkünfte aus der Vermietung eigener Immobilien, – Erträge aus Lebens- und Rentenversicherungen, die länger als 12 Jahre laufen und nach dem 60. beziehungsweise 62. Geburtstag ausgezahlt werden – dann wird die Hälfte des Ertrags zum persönlichen Steuersatz versteuert.

3 KANN ICH FREISTELLUNGS-AUFTRÄGE SPLITTEN?

Ja, das ist problemlos möglich. Wenn Sie Ihr Geld bei verschiedenen Geldinstituten angelegt haben, können Sie versuchen, im Voraus abzuschätzen, wie hoch Ihre Kapitaleinkünfte jeweils ausfallen werden, und einzelne Freistellungsaufträge erteilen. Die Summe aller Freistellungsaufträge darf jedoch die Höhe des Sparerpauschbetrags nicht überschreiten. Beispiel: Bei einem ledigen Sparer erhält Bank A einen Freistellungsauftrag in Höhe von 600 Euro und Bank B die restlichen 201 Euro. Damit bleibt er innerhalb seines Sparerpauschbetrags von 801 Euro.

Vermeiden sollten Sie, dass Sie Ihre Freistellungsaufträge zu großzügig verteilen und die Summe den Sparerpauschbetrag übersteigt – sonst kann es ungemütlich werden. Die Banken müssen jedes Jahr dem Bundeszentralamt für Steuern elektronisch übermitteln, wie viele Erträge sie ihren Kunden ohne Steuerabzug gutgeschrieben haben. Da jeder Freistellungsauftrag die Steueridentifikationsnummer enthalten muss, kann die Kontrollbehörde ermitteln, ob Ihre steuerbefreiten Ausschüttungen höher waren als der Sparerpauschbetrag. Ist dies der Fall, wird das zuständige Finanzamt informiert, das Sie auffordert, all Ihre Kapitalerträge zu deklarieren.

Risiken absichern

Gut versichert ist nicht, wer besonders viele Versicherungen abschließt, sondern derjenige, der für die wirklich wichtigen Risiken Vorsorge trifft. Hier erfahren Sie, welche existenziellen Risiken Sie auf jeden Fall absichern sollten und welche Versicherungen überflüssig sind. Ordentlich Kosten sparen können Sie auch, wenn Sie wissen, worauf Sie beim Vergleich achten sollten, damit Sie ein Angebot mit gutem Preis-Leistungs-Verhältnis auswählen.

RICHTIG VERUNSICHERT?

VIELE FÜHLEN SICH ÜBERFORDERT, wenn es um Versicherungen geht. Die Folge: überteuerte Policen und unzureichender Schutz.

Zu viel:
Ein großer Teil der Bundesbürger ist **ÜBERVERSICHERT** und gibt Geld für Policen aus, die keiner braucht.

Zu wenig: Wenn Versicherungen nach dem Zufallsprinzip abgeschlossen werden, bleiben **GEFÄHRLICHE LÜCKEN**. Jeder Haushalt braucht eine Privathaftpflichtversicherung – jeder vierte hat keine.

DAS KLISCHEE vom übervorsichtigen Deutschen scheint nicht ganz falsch zu sein. Selbst überteuerte oder unnötige Policen lassen sich unters Volk bringen, wenn der Versicherungsvertreter dem Kunden schildert, wie ein angeblicher Bekannter dank dieser Versicherung das Schlimmste gerade noch verhindern konnte. Doch auf der anderen Seite klaffen oft gefährliche Lücken.

RICHTIG VERSICHERT!

WER DEN SCHUTZ AUF den persönlichen Bedarf abstimmt und die Angebote vergleicht, kann Geld sparen und Absicherungslücken schließen.

Sichern Sie immer zuallererst die **EXISTENZRISIKEN** ab und stellen Sie alle anderen Versicherungsfragen hintan. Dann stehen Sie nicht unvermutet im Regen.

EXTRA-TIPP
Vergleichen Sie kritisch die Angebote einzelner Versicherer. So können Sie durchaus bis zu 50 Prozent sparen.

WERDEN SIE SELBST AKTIV: Ignorieren Sie die Geschichten der Verkäufer, informieren Sie sich und nehmen Sie Ihre Versicherungsplanung selbst in die Hand. Prüfen Sie zuerst, welche Versicherungen Sie in Ihrer aktuellen Lebenslage überhaupt benötigen und welche nicht. So vermeiden Sie gefährliche Versorgungslücken und sparen über die Jahre eine Menge Geld.

GUT GESCHÜTZT IM LAUF DES LEBENS

JUNGE LEUTE, FAMILIEN, RENTNER: Der Versicherungsschutz sollte immer zur Lebensphase passen.

Welche Versicherungen Sie brauchen, hängt von Ihrer aktuellen Lebenssituation ab. Junge Leute haben einen anderen Bedarf als Rentner, und Familien mit Kindern sind mit anderen Lebensrisiken konfrontiert als kinderlose Paare oder Singles.

Hier erfahren Sie, welche Versicherungen zu den unterschiedlichen Lebensabschnitten und -situationen passen. Die Kranken- und Pflegeversicherung erwähnen wir dabei nicht extra, da diese in allen Lebensphasen von vornherein mit dazugehört.

JUNGE LEUTE UND BERUFSEINSTEIGER

Minderjährige sind in aller Regel über ihre Eltern versichert, und manchmal wird der Schutz auch länger gewährt – etwa dann, wenn sie noch eine Ausbildung oder ein Studium absolvieren. Schauen Sie in Ihren Verträgen nach, wann die kostenlose Mitversicherung von Kindern beendet wird, und sorgen Sie für eine nahtlose Weiterführung des Schutzes. Besonders wichtig sind für junge Leute die folgenden Versicherungen:

▶ **Private Haftpflichtversicherung.** Während der Schulzeit und der ersten beruflichen Ausbildung sind auch volljährige Kinder in der Familien-Haftpflichtversicherung mitversichert. Danach benötigen sie eine eigene Haftpflichtversicherung – und auf diese sollten sie keinesfalls verzichten.

▶ **Auslandsreise-Krankenversicherung.** Auch hier gilt es zu prüfen, wann die kostenlose Mitversicherung der Kinder endet. Vor der nächsten Auslandsreise sollten Kinder, die nicht mehr mitversichert sind, eine Police abschließen.

▶ **Kfz-Versicherung.** Mit dem eigenen Auto oder Motorrad muss auch der fahrbare Untersatz versichert werden.

▶ **Berufsunfähigkeitsversicherung.** Mit dem Einstieg ins Berufsleben sollten Sie baldmöglichst eine Berufsunfähigkeitsversicherung abschließen. Durch den frühen Einstieg profitieren Sie von niedrigen Beiträgen und müssen meist noch nicht befürchten, wegen bestehender Gesundheitsprobleme vom Versicherer abgelehnt zu werden.

PAARE OHNE KINDER UND SINGLES

Die Versicherungen, die für junge Leute und Berufseinsteiger wichtig sind, sind auch in der Folgezeit unverzichtbar. Dazu können weitere Policen kommen:

▶ **Hausratversicherung.** Wenn sich im Lauf der Zeit wertvolle Einrichtungsgegenstände ansammeln, sollten Sie diese mit einem entsprechenden Versicherungsvertrag absichern.

▶ **Risikolebensversicherung.** Diese Versicherung kann in Betracht kommen, um Lebenspartner für den Fall finanziell abzusichern, dass einer von beiden stirbt.

FAMILIEN MIT KINDERN

Auch hier gilt: Private Haftpflichtversicherung, Auslandsreise-Krankenversicherung, Kfz- und Berufsunfähigkeitsversicherung sollten im Haushalt bereits vorhanden sein. Wenn Sie Nachwuchs bekommen, sind aber zusätzliche Absicherungsmaßnahmen ratsam:

- **Risikolebensversicherung.** In kinderlosen Zeiten noch eine Option, wird sie hier schon fast zur Pflicht – denn wenn der Hauptverdiener verstirbt, sollte zumindest in finanzieller Hinsicht die Zukunft der Kinder gesichert sein.
- **Kinderinvaliditätsversicherung.** Sie zahlt einen einmaligen Betrag oder eine Rente, wenn Kinder aufgrund einer Krankheit oder eines Unfalls dauerhaft gesundheitlich beeinträchtigt sind.

WENN DIE KINDER ERWACHSEN WERDEN

Spätestens wenn Kinder volljährig sind, ihr eigenes Einkommen haben und das Elternhaus verlassen, sollten nicht nur die Kinder, sondern auch die Eltern die Versicherungen an die neue Lebenssituation anpassen. Sie sollten prüfen, ob die Umstellung von einem Familientarif auf einen Paartarif Ersparnisse bringen kann. Im Blick sollten Sie dabei die folgenden Versicherungen haben:

- **Private Haftpflichtversicherung.** Wenn alle Kinder ihren eigenen Hausstand gegründet haben, ist es meist sinnvoll, die Police auf einen Paartarif

umzustellen. Die Kinder benötigen eine eigene Haftpflichtversicherung.

- **Krankenversicherung.** Sobald Kinder ein sozialversicherungspflichtiges Einkommen haben, müssen sie sich selbst gesetzlich krankenversichern. Sind die Eltern ebenfalls in der gesetzlichen Krankenkasse, hat dies keine finanziellen Auswirkungen. Bei privat Versicherten entfallen hingegen die Prämien für das Kind.
- **Reisekrankenversicherung.** Ähnlich wie bei der Haftpflichtversicherung sollten Sie prüfen, wann die Mitversicherung der Kinder endet. Denn dann sind die Umstellung auf einen Paartarif und die eigenständige Absicherung der Kinder ratsam.

WENN SIE EINE IMMOBILIE BESITZEN

Wenn Sie ein Eigenheim besitzen, benötigen Sie zusätzliche Versicherungen:

- **Wohngebäudeversicherung.** Diese Versicherung ist ein Muss für alle Immobilienbesitzer. Sie deckt Schäden durch Brand und Unwetter ab. Eine sinnvolle Ergänzung ist die Absicherung gegen Leitungswasserschäden, die in vielen Angeboten standardmäßig enthalten ist.
- **Elementarschadenschutz.** Bei dieser Versicherung werden Schäden durch Überschwemmung, Erdbeben, Erdrutsch oder Lawinen abgedeckt.

Bleiben Sie flexibel

Um die **Kosten für Ihre Versicherungen niedrig zu halten**, sollten Sie regelmäßig prüfen, ob sich Ihr Versicherungsbedarf geändert hat und ob es zu den bestehenden Versicherungen günstigere Alternativangebote gibt. Damit Sie wenn nötig schnell aus dem Vertrag herauskommen, sollten Sie beim Abschluss mit langlaufenden Verträgen vorsichtig sein. Zwar gibt es bei mehreren Jahren Bindung oft Rabatt, doch während dieser Zeit ist keine Kündigung möglich. Wenn Sie sich für die Bindung entscheiden, sollte sie nicht länger als fünf Jahre betragen.

Allerdings können je nach Region die Prämien sehr unterschiedlich ausfallen. So ist etwa die Absicherung gegen Hochwasserschäden in gefährdeten Gebieten in Flussnähe oft mit hohen Kosten verbunden.

▸ **Erweiterung der privaten Haftpflichtversicherung.** Wenn Sie ein größeres Bauvorhaben planen, Heizöltanks auf Ihrem Gelände haben oder eine Wohnung vermieten, sollten Sie Ihre Haftpflichtversicherung mit den entsprechenden Leistungen erweitern.

▸ **Absicherung der Baufinanzierung.** Um Ihre Angehörigen finanziell abzusichern, sollten Sie eine Risikolebensversicherung abschließen, deren Versicherungssumme der Darlehenshöhe bei Ihrer Hausfinanzierung entspricht.

RUHESTÄNDLER

Mit fortschreitendem Alter reduziert sich der Versicherungsbedarf wieder. So ist beispielsweise die Berufsunfähigkeitsversicherung für Rentner nicht mehr relevant. Weiterhin benötigen Sie im Ruhestand aber

▸ eine private Haftpflichtversicherung,

▸ eine Auslandsreise-Krankenversicherung, wenn Reisen außerhalb Deutschlands geplant sind. Für längere Auslandsaufenthalte benötigen Sie eventuell speziellen Schutz. Das sollten Sie mit Ihrem Versicherer klären.

▸ die Kfz-Versicherung für Fahrzeughalter,

▸ je nach Wert der Wohnungseinrichtung eventuell eine Hausratversicherung sowie

▸ bei Immobilieneigentum die dazugehörigen Policen.

WO BEKOMME ICH GUTE BERATUNG?

So wie Sie Lebensmittel im Supermarkt, auf dem Wochenmarkt oder direkt beim Erzeuger erwerben können, gibt es auch bei Versicherungen ganz unterschiedliche Vertriebswege. Diese sollten Sie kennen, damit Sie wissen, welche Interessen sich hinter den Aussagen in den Kundengesprächen verbergen.

EINFIRMENVERTRETER

Das ist der klassische Versicherungsvertreter, der im Namen einer einzigen Gesellschaft auftritt und für Vertragsabschlüsse Provision erhält. Einfirmenvertreter vertreiben ausschließlich die Produkte des eigenen Arbeit- oder Auftraggebers. Macht der Vertreter Fehler in der Beratung, haftet der Versicherer auch dann für ihn, wenn dieser nicht fest angestellt, sondern auf selbstständiger Basis tätig ist.

MEHRFIRMENVERTRETER

Viele Versicherungsvertreter arbeiten mit mehreren Versicherungsunternehmen zusammen, um ihren Kunden eine größere Angebotspalette bieten zu können. Abgesehen davon entsprechen Provisionsab-hängigkeit und Haftung dem Profil des Einfirmenvertreters.

VERSICHERUNGSMAKLER

Makler vermitteln die Policen einer Vielzahl von Versicherungsgesellschaften und können Ihnen eine breite Auswahl bieten. Überdies können sie Zugang zu anderen Tarifen haben als die herkömmlichen Vertreter. Auch Makler finanzieren sich über die Abschluss- und Bestandsprovisionen. Für Beratungsfehler müssen sie jedoch persönlich haften.

DIREKTVERSICHERUNGEN

Direktversicherer verzichten auf eigene Vertreter und auf die Zusammenarbeit mit Vertriebsorganisationen und Maklern. Angebote holen die Kunden telefonisch oder per E-Mail ein, der Abschluss der Verträge erfolgt auf dem Postweg. Diese Versicherungen sind oftmals kostengünstiger, weil sie keine Verkaufsprovisionen in ihre Prämien einkalkulieren müssen. Allerdings sind Beratung oder Hilfe beim Ausfüllen von Formularen nur eingeschränkt möglich – dies kann durchaus mit ein Entscheidungskriterium bei Policen wie der Kfz-Versicherung sein, wo es auch mal Papierkrieg wegen eines Schadensfalles geben kann.

VERGLEICHSPORTALE IM INTERNET

Im Zeitalter des Onlineshoppings nutzen immer mehr Verbraucher das Internet für den Vergleich von Versicherungstarifen und den Vertragsabschluss. Wichtig zu wissen: Die Portale finanzieren sich ähnlich wie Makler über die Provision, die beim Abschluss eines Neuvertrags über das Portal gezahlt wird. Wenn ein Versicherer eine zu geringe oder gar keine Provision zahlen will, kann es durchaus sein, dass er aus der Vergleichsliste gestrichen wird. Daher sollten Sie immer bedenken, dass die Vergleichsportale kein vollständiges Bild des Marktes liefern, sondern nur eine kleine Auswahl. Achten Sie vor allem darauf, ob die großen und bekannten Direktversicherer in den Listen mit aufgeführt sind.

Wer berät unabhängig?

Verbraucherzentralen: Neutrale und persönliche Beratung erhalten Sie telefonisch oder vor Ort in den Beratungsstellen der Verbraucherzentralen. Sie nehmen keinerlei Provisionen von Anbietern entgegen.

Versicherungsberater: Auch Versicherungsberater sind eine nützliche Anlaufstelle. Diese Berufsgruppe unterscheidet sich deutlich vom Versicherungsvertreter oder Makler, weil sie keine Provision annimmt, sondern ähnlich wie ein Anwalt oder Steuerberater von ihren Klienten Beratungshonorar verlangt. Vor allem bei Versicherungsentscheidungen von großer Tragweite, wie etwa der Auswahl der richtigen Berufsunfähigkeitsversicherung, kann sich unabhängige Beratung schnell auszahlen. Eine Auflistung der in Deutschland tätigen Versicherungsberater finden Sie auf den Internetseiten des Verbandes unter www.bvvb.de.

Tests der Stiftung Warentest: Wir untersuchen regelmäßig die wichtigsten Versicherungen. Welche Angebote in den aktuellen Tests am besten abgeschnitten haben, finden Sie unter „Die Besten im Test" ab S. 208. Die ausführlichen Tests und weiterführende Informationen können Sie gegen eine geringe Gebühr unter www.test.de abrufen.

SELBER ZAHLEN?

WER JEMANDEN SCHÄDIGT, muss dafür geradestehen. Das kann im schlimmsten Fall den finanziellen Ruin bedeuten.

Jeder vierte Haushalt besitzt keine Haftpflichtversicherung. Passiert dann etwas, gibt es ein hartes Erwachen: Es kann den **FINANZIELLEN RUIN** bedeuten, wenn nicht eine Vase kaputt geht, sondern zum Beispiel ein Mensch dauerhaft geschädigt wird.

DARAUF SOLLTEN SIE NICHT VERZICHTEN: Die private Haftpflichtversicherung springt ein, wenn jemand durch Ihr Verhalten zu Schaden gekommen ist. Sie zahlt Sachschäden und bei Personenschä-den auch Behandlungskosten und Schmerzensgelder bis zur Höhe der Deckungssumme. Sind die Ansprüche nicht berechtigt, wehrt die Versicherung diese für Sie ab.

ZAHLEN LASSEN!

LAGERN SIE DAS RISIKO auf die private Haftpflichtversicherung aus.

Mit Haftpflicht-
versicherung fallen Sie
WEICH: Sie zahlt nicht nur,
wenn die Vase zerschellt, sondern kommt für Behandlungskosten und Schmerzensgeld auf,
wenn etwa ein Radfahrer böse
stürzt, weil Sie ihm in den
Weg gelaufen sind.

EXTRA-TIPP

Günstige Basistarife sind
besser als keine Versiche-
rung, aber umfassenden
Schutz bieten meist die
Komforttarife mit ihren
Zusatzleistungen.

GÜNSTIGE VERSICHERUNGEN mit umfassendem Schutz kosten rund 50 bis 100 Euro pro Jahr. Mitversichert sind in Familienpolicen auch volljährige Kinder, wenn sie noch nicht berufstätig sind. Die private Haftpflichtversicherung gilt weltweit, deckt aber nur Missgeschicke im privaten Umfeld ab. Selbstständige müssen sich für ihre Berufstätigkeit extra versichern.

DAS KLEINGEDRUCKTE

Die private Haftpflichtversicherung schützt Sie weltweit bei Missgeschicken vor Schadenersatzansprüchen – aber in manchen Situationen können die Verträge Lücken aufweisen. Vor allem in den billigen Basistarifen können Leistungsmerkmale fehlen, die für Sie wichtig werden könnten. Daher sollten Sie prüfen, ob Sie die nachfolgend genannten Extras benötigen und ob sie in Ihrem Tarif enthalten sind.

MITVERSICHERTE PERSONEN
Bei den günstigsten Haftpflichtversicherungen handelt es sich zum Teil um Singletarife, bei denen nur eine einzige Person versichert werden kann. Für unverheiratete Paare ist es billiger, statt zweier Einzelversicherungen eine gemeinsame Haftpflichtversicherung abzuschließen. Voraussetzung ist üblicherweise, dass beide Partner in einem gemeinsamen Haushalt leben. In Familientarifen sind Ehepartner mitversichert, ebenso wie Kinder, solange diese noch in der Ausbildung, also noch nicht berufstätig sind.

KINDER UNTER SIEBEN JAHREN
Bei Kindern unter sieben Jahren gilt die sogenannte Deliktunfähigkeit: Wenn Ihr kleiner Racker das Notebook Ihrer Freunde vom Tisch zieht, können Sie als Eltern dafür nicht verantwortlich gemacht werden. Sie haften nur, wenn Sie Ihre Aufsichtspflicht verletzt haben. Das stößt bei Ihren Freunden natürlich nicht unbedingt auf Verständnis, ist aber gesetzlich so geregelt. Einen Ausweg aus dem Dilemma bieten Tarife, in denen die Versicherung auch Schäden übernimmt, die von deliktunfähigen Kindern verursacht werden – das kann im Ernstfall hilfreich für den Erhalt der Freundschaft sein.

GELIEHENE ODER GEMIETETE SACHEN
Wenn Sie ein gemietetes Hausboot oder ein ausgeliehenes Fahrrad beschädigen, ist dies im Standardtarif der Versicherung nicht immer inbegriffen. Auf der sicheren Seite sind Sie mit der Abdeckung von Schäden an gemieteten oder geliehenen Sachen.

GEFÄLLIGKEITEN
Freundschaftsdienste können zur Versicherungsfalle werden: Wenn Sie Freunden beim Umzug helfen und den Fernseher fallen lassen, dann können Sie in der Regel nicht haftbar dafür gemacht werden, weil

es bei Gefälligkeiten einen stillschweigenden Haftungsausschluss gibt. Hilfsbereite Menschen sollten daher eine Versicherung abschließen, die Gefälligkeitsschäden beinhaltet.

SCHLÜSSELVERLUST

Der Verlust von anvertrauten Schlüsseln kann teuer werden, wenn es sich um Generalschlüssel für Schließanlagen handelt. Nicht in allen privaten Haftpflichttarifen sind Schlüsselverluste mit abgedeckt, sodass Sie im Bedarfsfall darauf achten sollten, ob Ihre Haftpflichtversicherung auch beim Verlust von Schlüsseln einspringt – und zwar nicht nur bei privaten fremden Schlüsseln, sondern auch bei beruflichen.

FORDERUNGSAUSFALL

Bei der Absicherung gegen Forderungsausfall geht es nicht um Ihre persönliche Haftung bei einem Malheur, sondern um Ihre eigenen Ansprüche, wenn Ihnen jemand einen Schaden zugefügt hat. Hat derjenige keine Haftpflichtversicherung abgeschlossen und ist überdies zahlungsunfähig, bleiben Sie auf Ihrem Schaden sitzen. Ihre eigene Haftpflichtversicherung springt dann unter bestimmten Voraussetzungen ein und zahlt den Schadenersatz an Sie aus – sofern die Klausel gegen Forderungsausfall im Vertrag enthalten ist. Die Absicherung gegen Forderungsausfall ist kein Muss, aber ein nützliches Extra.

25 %

aller Haushalte haben **keine Privathaftpflichtversicherung** und sind damit gegen Risiken, die ihre finanzielle Existenz bedrohen können, nicht abgesichert.

50 €

im Jahr – mehr müssen Sie für guten **Haftpflichtschutz** nicht investieren. Welche Anbieter im Test gut abgeschnitten haben, finden Sie auf S. 209.

FÜNF MILLIONEN €

So hoch sollte die pauschale Versicherungssumme für **Personen- und Sachschäden** mindestens sein.

500 000 €

sollte die Absicherung gegen **Mietsachschäden** mindestens betragen.

WOFÜR SIE EINE EXTRA-HAFTPFLICHTVERSICHERUNG BRAUCHEN

Auch wenn Sie bei der privaten Haftpflichtversicherung einen Komforttarif mit zusätzlichen Versicherungsleistungen gewählt haben, können nicht abgesicherte Lebensbereiche bleiben. Das gilt vor allem dann, wenn Sie beruflich selbstständig sind, eine Immobilie vermieten, Hunde halten, mit motorisierten Fahrzeugen unterwegs sind oder bestimmte Sportarten betreiben. In solchen Fällen ist es ratsam, eine eigenständige Haftpflichtversicherung abzuschließen – denn beim Versichern gilt die Grundregel, dass möglichst wenige Haftungslücken offen bleiben sollten, da sie Sie in Ihrer finanziellen Existenz bedrohen.

FAHRZEUGE

Bei Autos und Motorrädern ist der Fall klar: Ohne eine gültige Kfz-Haftpflichtversicherung darf das Fahrzeug nicht im Straßenverkehr bewegt werden. Wenn Sie ohne Haftpflichtversicherung unterwegs sind, müssen Sie nicht nur bei einem selbst verschuldeten Unfall die Schäden von anderen Beteiligten aus eigener Tasche zahlen. Sie begehen überdies eine Straftat, die mit hohen Geldstrafen, Führerscheinsperre und sechs Punkten im Verkehrszentralregister in Flensburg geahndet wird.

SPORT UND HOBBY

Wassersportler sollten bedenken: Surfbretter und kleine Boote sind in den Basistarifen der Haftpflichtversicherer nicht immer inbegriffen, aber oft in den Komforttarifen. Für größere Motor- und Segelboote ist dagegen eine eigene Haftpflichtversicherung erforderlich. Bei gemieteten Booten sollten Sie nachfragen, ob sie im Mietpreis enthalten ist. Auch Modellflugzeuge sind in den Standardtarifen meist ausgeschlossen. Mitglieder eines Modellflugzeugvereins können sich oft über einen Gruppentarif günstig versichern.

HUNDE UND PFERDE

Zwar können auch Katzen und Kaninchen kratzbürstig sein, aber größere Verletzungen und Schäden werden meist von Hunden oder Pferden verursacht. Daher benötigen Sie als Hunde- oder Pferdehalter eine eigenständige Haftpflichtversicherung. Sie ist zum Teil Pflicht. Die Kosten richten sich danach, ob Sie die Tiere privat oder gewerblich halten. Gewerblich wäre etwa der Einsatz von Wachhunden auf einem Betriebsgelände. Manche besonders aggressive Hunderassen sind nicht versicherbar.

IMMOBILIEN

Kleinere Bauprojekte sind meist mit abgedeckt, größere sollten Sie extra versichern. Wenn Sie Öltanks auf dem Grundstück haben, sollten Sie prüfen, ob diese mitversichert sind oder ob Sie eine Öltank-Haftpflichtversicherung brauchen. Vermieter sollten eine separate Haus- und Grundbesitzer-Haftpflicht abschließen, um bei einer Verletzung von Sorgfaltspflichten wie etwa dem Streuen im Winter geschützt zu sein. Das selbst genutzte Eigenheim ist dagegen in der privaten Haftpflichtversicherung enthalten.

SELBSTSTÄNDIGKEIT

Arbeitnehmer sind während ihrer beruflichen Tätigkeit über ihren Arbeitgeber versichert. Sind Sie beruflich selbstständig, haben Sie diesen Schutz nicht – und die private Haftpflichtversicherung deckt beruflich verursachte Schäden nicht ab. Deshalb brauchen Selbstständige eine Betriebs-Haftpflichtversicherung. Ihre Kosten richten sich nach dem Beruf und der Betriebsgröße. Bei manchen Anbietern können Sie private und berufliche Absicherung kostensparend in einer Kombi-Police zusammenfassen.

GEGEN UNFALL?

DIE UNFALLVERSICHERUNG zahlt nur, wenn nach einem Unfall gesundheitliche Schäden bleiben.

Schutz mit Lücken: Die Unfallversicherung hilft nur in seltenen Fällen bei Berufs- oder Erwerbsunfähigkeit. Denn **IN 9 VON 10 FÄLLEN** ist eine Krankheit und kein Unfall die Ursache dafür.

BILLIGER TRICK: Wenn dem Interessenten die Prämie für eine private Berufsunfähigkeitsversicherung zu teuer ist, bieten manche Versicherungsvertreter eine Unfallversicherung an, die viel weniger kostet. Der Haken dabei: Diese Versicherungen zahlen keinen Cent, wenn Sie wegen einer Krankheit Ihren Beruf dauerhaft nicht mehr ausüben können.

GEGEN BERUFSUNFÄHIGKEIT!

DIE BERUFSUNFÄHIGKEITSVERSICHERUNG zahlt eine Rente, wenn Sie Ihren angestammten Beruf nicht mehr voll ausüben können – egal ob wegen Unfall oder Krankheit.

Um rundum gut abgesichert zu sein, sollten Sie darauf achten, dass die Versicherung im Ernstfall auf die Verweisung in einen anderen Beruf verzichtet. Das **SCHÜTZT** vor dem erzwungenen beruflichen Abstieg.

EXTRA-TIPP
Schauen Sie beim Abschluss zuerst auf gute Bedingungen, erst im zweiten Schritt auf den Preis.

LIEBER RICHTIG: Mit einer guten Berufsunfähigkeitsversicherung sind Sie geschützt, wenn Sie durch einen Unfall oder eine Krankheit Ihren Beruf nicht mehr ausüben können, aber im Grunde arbeitsfähig wären. Sie sind dann nicht gezwungen, in einen einfachen und schlecht bezahlten Job zu wechseln, um sich finanziell über Wasser zu halten, müssen also nicht etwa als Pförtner arbeiten.

BERUFSUNFÄHIGKEIT

Sie sollten sich nicht darauf verlassen, dass die gesetzliche Rentenversicherung einspringt, wenn Sie aufgrund einer Krankheit oder eines Unfalls Ihren Beruf dauerhaft nicht mehr ausüben können. Denn die zahlt nur, wenn Sie überhaupt nicht mehr arbeiten können – und selbst dann sind die Leistungen ziemlich mager. Gar kein Geld gibt es von der gesetzlichen Rentenversicherung, wenn Sie zwar in Ihrem Beruf nicht mehr arbeiten können, aber leichte und einfache Arbeiten noch zumutbar sind.

Deshalb ist die private Zusatzabsicherung gegen Berufsunfähigkeit so wichtig. Wie teuer sie wird, hängt von mehreren Faktoren ab:

▶ **Eintrittsalter.** Je jünger Sie beim Abschluss einer Berufsunfähigkeitsversicherung sind, umso günstiger ist sie.
▶ **Endalter.** Wenn sie nur bis zum 55. Lebensjahr läuft, ist sie günstiger als eine Police mit Endalter 67. Nachteilig ist jedoch, dass Sie bei kürzeren Laufzeiten vor dem Erreichen des regulären Rentenalters eine Lücke haben – im Ernstfall enden die Zahlungen mit Ablauf der Versicherungsdauer.
▶ **Versicherungssumme.** Je höher die monatliche Rente ausfallen soll, umso teurer wird die Versicherung.
▶ **Risikogruppe.** Je riskanter der Beruf, desto höher die Prämie. Jeder Versicherer verwendet dabei aber eigene Risikogruppen und -tabellen, sodass – je nach Beruf – mal der eine oder der andere Anbieter günstiger sein kann.

WICHTIG: DIE GESUNDHEITSFRAGEN

Auch gefährliche Hobbys und persönliche Gesundheitsfaktoren können die Kosten beeinflussen. Vor allem bei Allergien oder chronischen Leiden verweigern manche Versicherer die Aufnahme, erheben Risikozuschläge oder schließen die Leistung bei Berufsunfähigkeit aufgrund bestimmter Krankheiten aus. Die Versicherer gehen dabei nicht einheitlich vor. Was ein Anbieter großzügig akzeptiert, kann für den Konkurrenten ein Grund für die Ablehnung sein. Tipp: Stellen Sie in solchen Fällen über einen Versicherungsberater oder -makler bei mehreren Anbietern eine „anonyme Risikovoranfrage". So lassen sich die Gesundheitsdaten nicht Ihrer Person zuordnen.

Auf diese Klauseln sollten Sie achten:

- **Verzicht auf abstrakte Verweisung.** Mit dieser Klausel sagt der Versicherer die Zahlung zu, wenn Sie Ihren aktuellen Beruf nicht mehr ausüben können. Beispiel: Sie müssten nicht als Pförtner arbeiten, wenn Sie Ihre Arbeit als Ingenieur nicht mehr ausüben können.
- **Versicherung bis zum Rentenbeginn.** Wenn die Versicherung bis zum voraussichtlichen Beginn Ihrer regulären Altersrente läuft, entsteht keine Versorgungslücke.
- **Rückwirkende Zahlung.** Wer berufsunfähig wird, muss dies innerhalb von drei Monaten der Versicherung melden. Verpasst er das, steht ihm üblicherweise die Rentenzahlung erst ab dem Meldemonat zu. Manche Versicherer gewähren hingegen in solchen Fällen die rückwirkende Rentenzahlung ab dem tatsächlichen Eintritt der Berufsunfähigkeit. Diese kundenfreundliche Klausel schützt davor, dass wegen einer verspäteten Meldung bares Geld verloren geht. Von Vorteil ist es auch, wenn die Versicherung Ihnen die Beiträge zinslos stundet, bis sie über den Leistungsantrag entscheidet.
- **Prognosezeitraum sechs Monate:** Die Klausel stellt sicher, dass die Versicherung sechs Monate rückwirkend zahlt, wenn die Prognose nicht vorher gestellt werden konnte.

1961

ist das entscheidende Jahr. Wenn Sie nach dem 1. Januar 1961 geboren sind, bekommen Sie **nur eine gesetzliche Erwerbsminderungsrente** – wenn Sie gar nicht mehr arbeiten können.

736 €

beträgt sie im Schnitt im Monat. Das reicht nicht zur Existenzsicherung. Deshalb ist eine **private Berufsunfähigkeitsversicherung** so wichtig.

816 €

im Jahr mussten Diplomkaufleute in unserem **letzten Test** mindestens für eine sehr gute Versicherung investieren, die im Fall der Berufsunfähigkeit 2 000 Euro Rente im Monat bietet. Berufsunfähigkeitsversicherungen sind nicht billig, aber leider alternativlos.

SUPER GESUND?

DIE GESUNDHEITSFRAGEN zur Berufsunfähigkeitsversicherung sollten Sie selbst ausfüllen – und sich nicht gesünder schummeln, als Sie sind.

Füllt der Vertreter den Bogen für Sie aus, sollten Sie in jedem Fall kontrollieren, dass er Sie nicht **PERFEKTER** macht, als Sie sind. Hat er bei allen Krankheiten, die Sie genannt haben, das Kreuz an der richtigen Stelle gemacht?

Sie sind kein Superheld? Dann **STEHEN SIE DAZU!** Wenn Sie Krankheiten verschweigen, zahlt die Versicherung womöglich im Ernstfall nicht.

TEURE FEHLER: Wenn der Versicherungsvertreter die Gesundheitsfragen bei der Berufsunfähigkeitsversicherung für Sie beantwortet, können folgenschwere Fehler entstehen. Sei es aufgrund von Missverständnissen oder weil der Vertreter bei bereits vorhandenen Beschwerden falsche Angaben macht, um die Genehmigung des Antrags und damit seine Provision nicht zu gefährden.

SUPER EHRLICH!

LESEN SIE DIE GESUNDHEITSFRAGEN sorgfältig durch und beantworten Sie diese eigenhändig nach bestem Wissen und Gewissen.

Legen Sie im Zweifelsfall Ihre **PATIENTENAKTE** bei. Gegenüber der Versicherung ist Ihr Arzt ohnehin von der Schweigepflicht entbunden.

Auch wenn die Versicherung dadurch teuer wird, sollten Sie bei der **WAHRHEIT** bleiben. Jahrelang Prämien zu zahlen und am Ende ohne Schutz dazustehen wäre die schlechteste Lösung.

BEHALTEN SIE DIE KONTROLLE und beantworten Sie die Gesundheitsfragen umfassend. Achten Sie auf genaue Zeitangaben bei Behandlungen – vor allem, wenn es darum geht, ob diese im vertragsrelevanten 5- oder 10-Jahres-Zeitraum lagen. So schalten Sie das Risiko aus, dass der Versicherer später einmal die Rentenzahlung mit der Begründung falscher Angaben verweigern kann.

NUR FÜR JETZT?

IN DER STANDARDVERSION bietet die Berufsunfähigkeitsversicherung über viele Jahre denselben Schutz. Das ist nicht immer sinnvoll.

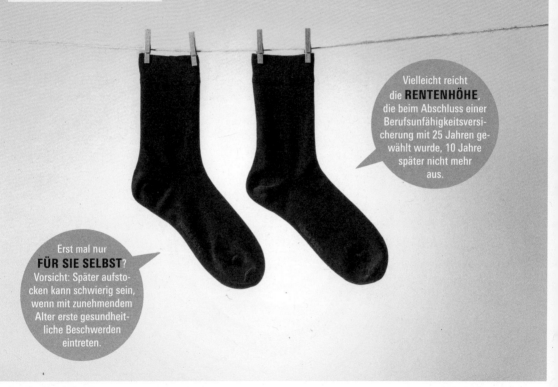

Vielleicht reicht die **RENTENHÖHE** die beim Abschluss einer Berufsunfähigkeitsversicherung mit 25 Jahren gewählt wurde, 10 Jahre später nicht mehr aus.

Erst mal nur **FÜR SIE SELBST**? Vorsicht: Später aufstocken kann schwierig sein, wenn mit zunehmendem Alter erste gesundheitliche Beschwerden eintreten.

ZU KURZ GEDACHT: Wer eine Berufsunfähigkeitsversicherung in jungen Jahren abschließt, hat häufig nur die aktuellen Lebenshaltungskosten im Blick. Doch die können ansteigen, wenn vielleicht später einmal kleine Kinder zu versorgen sind. Eine starre Versicherung, die keinen Freiraum für die Korrektur bei solchen Entwicklungen lässt, ist für junge Leute keine zukunftssichere Lösung.

SPIELRAUM FÜR SPÄTER!

JUNGE LEUTE sollten eine Versicherung bevorzugen, die sich an geänderte Lebenssituationen anpassen lässt.

Viele Versicherer bieten für junge Leute **TARIFE** an, bei denen die Versicherungssumme zu einem späteren Zeitpunkt erhöht werden kann.

Sie heiraten? Nachwuchs stellt sich ein? Damit sie dann problemlos **AUFSTOCKEN** können, sollten junge Singles Tarife mit Nachversicherungsgarantie abschließen. Sie lassen sich geänderten Plänen anpassen.

VORAUSDENKEN: Die Nachversicherungsgarantie erlaubt es, die Versicherungssumme bei der Berufsunfähigkeitsversicherung zu bestimmten Anlässen wie Heirat, Geburt eines Kindes oder Jobwechsel nachträglich zu erhöhen. Großer Vorteil: Es gibt keine neue Gesundheitsprüfung. Treten in diesem Zeitraum gesundheitliche Probleme auf, bleiben diese unberücksichtigt.

HINTERBLIEBENE ABSICHERN

Wie eine Risikolebensversicherung funktioniert, ist schnell erklärt: Sie ist ein Mittel, um Hinterbliebene abzusichern. Wenn die versicherte Person stirbt, bekommt derjenige, der als „Begünstigter" im Vertrag steht, die Versicherungssumme ausgezahlt. Viele sichern den Ehepartner auf diese Weise ab. Ein Muss ist das aber nicht, denn es können auch Kinder, nicht verheiratete Partner oder ganz andere Personen als Begünstigte eingesetzt werden.

WAS IST DER UNTERSCHIED ZUR KAPITALLEBENSVERSICHERUNG?

Auch mit der Kapitallebensversicherung können Sie Hinterbliebene absichern. Aber es handelt sich um eine Kombination aus Absicherung und Sparvertrag. Ist die versicherte Person bis zum Ende der Laufzeit nicht gestorben, erhält sie das angesammelte Guthaben. Diese Sparverträge sind sehr undurchsichtig, unflexibel und mit hohen monatlichen Raten verbunden. Bei einem finanziellen Engpass können Sie sie nicht reduzieren. Müssen Sie vorzeitig kündigen, weil Sie die Raten nicht stemmen können, verlieren Sie Ihren Risikoschutz.

Eine Risikolebensversicherung sammelt hingegen kein Guthaben an, kostet aber weit weniger als eine Kapitallebensversicherung. Wenn Sie Hinterbliebene über eine Risikolebensversicherung absichern und Ihren Vermögensaufbau mit anderen Sparformen bewerkstelligen, können Sie in klammen Phasen ohne Probleme Ihre Sparpläne stilllegen und den Risikoschutz weiterlaufen lassen. Deshalb ist die Risikolebensversicherung das Mittel der Wahl.

WANN BRAUCHE ICH EINE RISIKOLEBENSVERSICHERUNG?

Sinnvoll ist diese Versicherung immer dann, wenn andere Menschen von Ihrem Einkommen maßgeblich mit abhängig sind. Besonders häufig ist dies in Familien mit Kindern der Fall: Wenn der Hauptverdiener stirbt, sollten die Angehörigen zumindest in finanzieller Hinsicht ausreichend versorgt sein.

Noch wichtiger ist die Risikolebensversicherung, wenn dazu noch Schulden vorhanden sind. Der Klassiker: Eine junge Familie nimmt ein Baudarlehen für das Eigenheim auf und kalkuliert dabei so, dass die Kreditraten und Lebenshaltungskosten aus dem gemeinsamen Einkommen beider Elternteile bestritten werden. Bei dieser Konstellation ist die finanzielle Absicherung der Familie praktisch ein Muss.

WIE HOCH SOLLTE DIE VERSICHERUNGSSUMME SEIN?

Mit der Auszahlung aus der Risikolebensversicherung sollten die Angehörigen so lange versorgt werden können, bis im Ernstfall alle finanziell auf eigenen Beinen stehen können. Bei Familien mit kleineren Kindern sollte der Vertrag so bemessen sein, dass das Geld aus der Versicherung erst am Ende der Ausbildung aufgebraucht ist. Läuft eine Baufinanzierung, sollten aus der Auszahlung überdies die Restschulden auf einen Schlag getilgt werden können.

Wie hoch die konkrete Versicherungssumme sein sollte, hängt außerdem von den Ansprüchen an den Lebensstandard ab. Als Faustregel gilt, dass etwa drei bis fünf Jahreseinkommen versichert werden sollten. Möchten Sie nur eine Baufinanzierung absichern, können Sie ebenfalls eine Lebensversicherung mit fallender Versicherungssumme abschließen. Bei dieser Variante nimmt der Versicherungsschutz Jahr für Jahr um einen bestimmten Betrag ab.

WIE LÄUFT DAS MIT DER GESUNDHEITSPRÜFUNG?

Beim Abschluss einer Risikolebensversicherung müssen Sie Fragen zu Ihrem Gesundheitszustand und zu Ihrem Verhalten beantworten. Unter anderem fragen Versicherer nach chronischen Erkrankungen, manche Anbieter wollen auch wissen, ob Sie rauchen. Auch wenn damit ein Risiko-

Viermal so viel

Bei der Wahl des Vertrags können Sie sich für das günstigste Angebot entscheiden. Die Unterschiede in den Leistungen sind gering. Dafür sind die Preisunterschiede immens. Viermal so viel wie beim preiswertesten Anbieter mussten Kunden beim teuersten für die gleichen Leistungen zahlen. Welche Anbieter am besten abgeschnitten haben, können Sie im Serviceteil auf S. 211 nachschlagen.

Gegen eine Gebühr von 10 Euro erstellen wir Ihnen eine **individuelle Analyse** anhand Ihrer persönlichen Daten. Mehr dazu unter: www.test.de, Suchworte „Analyse Risikolebensversicherung".

zuschlag verbunden sein kann, sollten Sie alle Fragen unbedingt wahrheitsgemäß beantworten, damit Ihre Angehörigen im Ernstfall nicht den Versicherungsschutz verlieren.

Auch Ihre Hobbys können sich auf die Versicherungskosten auswirken. So werden oft hohe Risikoaufschläge verlangt, wenn gefährliche Sportarten wie Motorradrennsport, Gleitschirmfliegen oder Fallschirmspringen zu den Leidenschaften des Versicherten zählen.

DIREKT?

MIT EINER „KLASSISCHEN" Risikolebensversicherung tappt man leicht direkt in die Steuerfalle.

Die Auszahlung fällt dann unter die **ERBSCHAFTSTEUER**. Das kann besonders bitter sein, wenn Sie Ihren Partner absichern wollen und ohne Trauschein zusammenleben.

Der Klassiker ist der direkte Weg. Also zum Beispiel: Max **ZAHLT** den Beitrag. Sollte er sterben, erhält seine Partnerin Anna die Auszahlung.

DIREKT ANS FINANZAMT: Die Auszahlung aus einer „klassischen" Risikolebensversicherung fällt unter die Erbschaftsteuer. Bei Unverheirateten kann das teuer werden. Ihr Freibetrag beträgt nur 20 000 Euro, ab dann werden 30 Prozent Steuern fällig. Denn: Sind Sie mit dem Erben nicht verheiratet oder eng verwandt, gelten bei der Erbschaftsteuer niedrige Freibeträge und hohe Steuersätze.

ÜBER KREUZ!

EIN LEGALER STEUERSPARTRICK besteht darin, eine „Über-Kreuz-Lebensversicherung" abzuschließen.

Max ist nur die versicherte Person. Stirbt er, erhält Anna ihre eigene Versicherungsleistung. Sie **ERBT NICHT** und muss daher keine Erbschaftsteuer zahlen. Natürlich können beide umgekehrt auch Max so absichern.

Über Kreuz heißt dagegen: Anna ist **IN EINER PERSON** Versicherungsnehmerin, Bezugsberechtigte und Beitragszahlerin.

EXTRA-TIPP
Wichtig ist dabei, dass Sie getrennte Konten haben. Sonst kann es sein, dass das Finanzamt doch seinen Anteil verlangt.

KREUZWEISE STEUERN GESPART: Fragen Sie Ihren Versicherer nach einer „Über-Kreuz-Versicherung". Dann zahlt derjenige, der abgesichert werden soll, die Prämie für seine eigene Absicherung selbst. Weil Beitragszahler, Versicherungsnehmer und Begünstigter dieselbe Person sind, zählt die Auszahlung der Versicherungssumme nicht als Erbfall – und bleibt steuerfrei.

TEURES SOUVENIR?

KRANKHEIT ODER UNFÄLLE IM URLAUB: Mit der richtigen Versicherung vermeiden Sie hohe Kosten.

Sie müssen im Ausland zum Arzt oder gar ins Krankenhaus? Damit dann nicht auch noch eine Kostenlawine auf Sie zurollt, sollten Sie sich mit einer **REISEKRANKEN-VERSICHERUNG** schützen.

Sie können eine gebuchte Reise wegen einer Krankheit oder wegen eines Unfalls gar nicht erst antreten? Für diesen Fall können Sie eine **REISERÜCKTRITTS-VERSICHERUNG** abschießen. Sie erstattet angefallene Buchungskosten und Vorauszahlungen.

Rund ums Reisen gibt es einige Versicherungen, die Sie vor dem Reiseantritt abschließen sollten – vor allem dann, wenn die Reise ins Ausland geht. Wie in anderen Lebensbereichen gibt es auch hier unverzichtbare, in bestimmten Situationen sinnvolle und vollkommen überflüssige Policen.

UNVERZICHTBAR: DIE AUSLANDS-REISE-KRANKENVERSICHERUNG

Ob Sommerurlaub in Spanien oder Skifahren in der Schweiz: Im Reisegepäck sollte die Auslandsreise-Krankenversicherung nicht fehlen, sobald Sie die Grenze der Bundesrepublik überschreiten. Zwar scheint diese Police auf den ersten Blick bei Reisen in die EU-Staaten überflüssig, weil sich hier Mitglieder der gesetzlichen Krankenversicherung die Behandlungskosten von der Krankenkasse erstatten lassen können. Doch das funktioniert nur, wenn mit dem betreffenden Land ein Sozialversicherungsabkommen besteht und der behandelnde Arzt nach Kassentarif abrechnet – was jedoch nicht immer der Fall ist.

Wenn Sie keine Auslandsreise-Krankenversicherung abgeschlossen haben und Ihnen eine Privatrechnung mit teurerem Tarif präsentiert wird, müssen Sie die Differenz aus eigener Tasche bezahlen. Dazu kommen unter Umständen die Kosten für den Rücktransport nach Deutschland, den die gesetzlichen Krankenkassen ebenfalls nicht übernehmen – auch nicht in Europa. Sie können je nach Entfernung und Transportmittel mehrere Tausend Euro ausmachen. Die Auslandsreise-Krankenversicherung übernimmt weltweit die Aufwendungen für ambulante und stationäre Behandlungen sowie bei Bedarf die Kosten für den Rücktransport nach Deutschland.

Lohnenswert ist die Investition allemal, denn die Kosten sind gering. Bei einem günstigen Anbieter können sich Einzelpersonen für weniger als 10 Euro pro Jahr versichern, Familientarife gibt es ab 20 Euro. Teurer wird die Versicherung häufig für Senioren: Wer älter als 60 Jahre ist, muss damit rechnen, dass sich die Beiträge je nach Anbieter auf das bis zu Fünffache verteuern. Wenn Sie diese Altersgrenze erreichen, sollten Sie Ihren Tarif prüfen und gegebenenfalls zu einem Anbieter wechseln, der ältere Menschen günstig versichert.

Abgeschlossen werden die Verträge oft in Form eines Jahresabonnements. Je nach Anbieter läuft der Vertrag entweder bis zum Ende des Kalenderjahres oder zwölf Monate lang ab der Unterzeichnung des Vertrags. Häufig verlängert sich der Vertrag automatisch um ein weiteres Jahr, wenn Sie nicht innerhalb der vereinbarten Frist kündigen. Nur bei wenigen Anbietern ist der Vertrag so gestaltet, dass er nach einem Jahr automatisch ausläuft und dann wieder neu abgeschlossen werden muss. Wenn Sie privat krankenversichert sind, sollten Sie sich bei Ihrer Versicherung erkundigen, wie weit der

Schutz im Ausland reicht – bei vielen Tarifen ist die Reisekrankenversicherung inklusive.

Auf jeden Fall sollten Sie bei einer ärztlichen Behandlung im Ausland sämtliche Originalbelege für die Behandlungskosten aufbewahren und anschließend an die Versicherung weitergeben. Denn nur wenn Sie Originale einreichen, ist die Versicherung zur Leistung verpflichtet. Bei kopierten Belegen darf die Gesellschaft hingegen die Übernahme der Kosten verweigern.

Die günstigen Jahresversicherungen gelten jedoch nur für Reisen im Rahmen des üblichen Urlaubs. Je nach Anbieter ist die Dauer pro Reise auf sechs bis acht Wochen begrenzt. Wenn Sie länger im Ausland unterwegs sind, brauchen Sie eine Langzeit-Reiseversicherung. Die Versicherung wird für jede Reise separat abgeschlossen, wobei sich die Kosten nach der Reisedauer richten. Ein weiterer Unterschied zur Jahresversicherung für kurze Reisen: Soll die Versicherung auch bei einem Aufenthalt in den USA oder Kanada gelten, steigen die Kosten immens – die Prämie kann das Dreifache von dem betragen, was eine Versicherung kostet, die weltweit gilt und nur Nordamerika ausschließt.

Egal, ob Jahresvertrag oder Versicherung für eine längere Reise: Beim Prüfen der Versicherungsbedingungen sollten Sie auf folgende Klauseln achten:

▶ Verzicht auf Selbstbehalt
▶ Zahlung bis zur Wiederherstellung der Transportfähigkeit, auch wenn Sie länger behandelt werden müssen, als die Reise maximal dauern durfte
▶ Uneingeschränkter Anspruch auf Rücktransport, sobald dieser „medizinisch sinnvoll und vertretbar" ist
▶ Erstattung von Rooming-in-Kosten und Kinderbetreuung für Familien
▶ Kein Ausschluss von Sportverletzungen oder von einzelnen Erkrankungen
▶ Nur Ausschluss von Behandlungen, die bei Reiseantritt aufgrund ärztlicher Diagnose bereits feststehen
▶ Für Schwangere: Umfassende Leistung auch bei Schwangerschaftskomplikationen

OFT SINNVOLL: REISERÜCKTRITTS-VERSICHERUNG UND MALLORCA-POLICE

Bei lange im Voraus gebuchten Reisen kann der Abschluss einer Reiserücktrittskosten-Versicherung sinnvoll sein. Können Sie wegen Krankheit oder anderer schwerwiegender Ereignisse eine bereits gebuchte Reise nicht antreten oder müssen Sie sie abbrechen, übernimmt die Versicherung die Stornogebühren – und diese können vor allem bei kurzfristigen Absagen hohe Kosten verursachen. Versichert sind oft nicht nur ärztlich bestätigte Krankheiten eines der Reisenden oder der Tod naher Angehöriger. Die Versicherung springt auch ein, wenn Sie Ihren Arbeitsplatz verlieren und der neue Arbeitgeber Ihnen noch keinen Urlaub gewährt. Wenn Sie die Stelle aber nicht gewechselt haben und Ihre Reise stornieren, weil Sie im gebuchten Zeitraum am Arbeitsplatz doch nicht fehlen können, zahlt die Versicherung nicht.

Wenn Sie im Ausland ein Auto mieten, ist in vielen Ländern eine sogenannte Mallorca-Police ratsam. Diese springt ein, wenn die Versicherungssumme bei der Haftpflichtversicherung des Wagens niedriger ist als der Schaden, den Sie bei einem selbst verschuldeten Unfall verursachen. Häufig ist diese Klausel in Ihrer Kfz-Versicherung bereits enthalten. Wer kein eigenes Auto hat, kann im Bedarfsfall die Mallorca-Police auch als eigenständige Versicherung abschließen, zum Beispiel beim ADAC.

Ohne Not verzichten können Sie auf Extra-Versicherungen, die von Reisebüros und -veranstaltern oftmals zusammen mit der Buchung angeboten werden. So leistet die Reisegepäckversicherung meist keine Entschädigung, wenn Sie Ihr Gepäck auch nur kurze Zeit unbeaufsichtigt gelassen haben – doch das ist genau die typische Konstellation beim Kofferdiebstahl. Die Reisehaftpflichtversicherung ist überflüssig, wenn Sie eine private Haftpflichtversicherung abgeschlossen haben, die Sie von vornherein weltweit absichert. Auch bei der Unfallversicherung gilt: Statt eine Reise-Unfallversicherung abzuschließen, sollten Sie sich überlegen, ob Sie grundsätzlich eine Unfallversicherung brauchen oder nicht.

Wegen Terrorgefahr absagen?

Möchten Sie eine gebuchte Reise absagen, weil Sie Terroranschläge befürchten, ist die Reiserücktrittsversicherung im Regelfall nicht zuständig. **Diese zahlt meist nur, wenn die Ursache für den Rücktritt beim Versicherten selbst liegt** – so etwa Krankheit oder Unfall. Unter bestimmten Umständen können Sie jedoch vom Veranstalter Anzahlungen zurückerhalten oder Stornogebühren erlassen bekommen. Voraussetzung ist meist, dass das Auswärtige Amt zwischen Buchung und Antritt der Reise eine Reisewarnung für Ihr Urlaubsziel ausgegeben hat.

WAS KANN EINE HAUSRATVERSICHERUNG?

Egal, ob Sie ein Eigenheim besitzen oder zur Miete wohnen: Wenn Ihre Wohnungseinrichtung deutlich mehr wert ist als das Interieur einer Studentenbude, sollten Sie den Abschluss einer Hausratversicherung in Erwägung ziehen.

Abgedeckt sind Schäden durch Brand, Blitzschlag, Sturm, Explosion, Einbruch und Raub, Vandalismus und Leitungswasseraustritt. Allerdings nur unter der Voraussetzung, dass Sie die üblichen Vorsichtsmaßnahmen ergreifen, indem Sie beispielsweise keine brennenden Kerzen unbeaufsichtigt lassen oder die Wohnungstür beim Verlassen des Hauses abschließen.

WAS IST VERSICHERT?

Versichert sind alle „beweglichen Einrichtungsgegenstände". Faustregel: Wenn man das Haus auf den Kopf stellen würde, gehört das, was herausfällt, zum Hausrat. Der lose ausgelegte Perserteppich fällt somit in den Bereich der Hausratversicherung, ein fest verklebter Teppichboden hingegen in die Zuständigkeit der Gebäudeversicherung. Die Hausratversicherung zahlt:

▶ den Neuwert oder die Wiederbeschaffung zerstörter Gegenstände,
▶ die Reparatur von beschädigten Gegenständen zuzüglich eines Ausgleichs für die Wertminderung,
▶ die Kosten für das Aufräumen beschädigter Wohnungen und die Entsorgung zerstörter Güter,
▶ die Aufwendungen für Transport und Lagerung der Einrichtung, wenn die Wohnung zum Beispiel nach einem Brand nicht mehr benutzbar ist,
▶ nach einem Einbruch die Reparatur auch an Gebäudebestandteilen sowie die Kosten für den Einbau neuer Schlösser, wenn auch Schlüssel entwendet worden sind,
▶ Bargeld, Schmuck und wertvolle Uhren sind im Regelfall nur bis zu einer Obergrenze versichert, die je nach Anbieter variiert und schnell überschritten ist. Nur wenn sie in einem Tresor aufbewahrt werden, der den Richtlinien der Versicherung genügt, sind Wertsachen höher versichert. Oft beträgt die vereinbarte Summe dann 20 Prozent der Gesamtversicherungssumme.

Wenn Sie den Wert Ihres Hausrats zu niedrig angeben, zahlen Sie zwar eine geringere Versicherungsprämie. Doch dafür kürzt die Versicherung die Leistung im Schadensfall – und zwar auch dann, wenn der Schaden niedriger ist als die Versicherungssumme. Beispiel: Wenn Sie Ihren Hausrat im tatsächlichen Wert von 50 000 Euro bei der Versicherung nur mit 30 000 Euro angegeben haben, bekommen Sie bei einem Schaden von 5 000 Euro nur 3 000 Euro ersetzt.

Diese Unterversicherung können Sie vermeiden, indem Sie entweder den Gesamtwert Ihrer Einrichtung möglichst exakt ermitteln oder in einer vereinfachten Variante pauschal eine ausreichend hohe Versicherungssumme pro Quadratmeter Wohnfläche angeben. Im Regelfall sind dies 650 Euro pro Quadratmeter. Im Gegenzug verzichtet der Versicherer darauf, Leistungen wegen Unterversicherung zu kürzen.

Tipp für Puristen: Bei viel Wohnfläche und spartanischer Einrichtung kann es günstiger sein, den Wert des Hausrats detailliert zu erfassen.

NÜTZLICHE EXTRAS

Standardmäßig sind Schäden durch Blitzschlag nur versichert, wenn der Blitz direkt ins Haus einschlägt. Allerdings können an elektronischen Geräten auch dann Schäden entstehen, wenn in einiger Entfernung der Blitz eine Stromleitung trifft und eine kurzzeitige Überspannung die empfindliche Elektronik zerstört. Das können Sie mit Hausratpolicen absichern, die zusätzlich solche Überspannungsschäden abdecken.

Für Besitzer von hochwertigen Fahrrädern ist es oftmals günstiger, das Fahrrad über die Hausratversicherung anstatt über eine eigenständige Fahrradversicherung zu versichern. Prüfen Sie im Bedarfsfall, ob und zu welchen Bedingungen Fahrräder in Ihrer Hausratpolice mitversichert sind. Achten Sie darauf, dass auch nächtliche Diebstähle oder Fahrradklau an öffentlichen Orten wie Bahnhöfen versichert sind.

Auch im Ausland

Was viele nicht wissen: Die Hausratversicherung begleitet Sie auch in den Urlaub und schützt Sie dort vor Einbruchdiebstahl und Raub auf offener Straße. Wird in Ihr abgeschlossenes Hotelzimmer eingebrochen und werden Gegenstände oder Geld gestohlen, sollten Sie die Polizei einschalten und den Schaden der Versicherung melden.

Der Schutz gilt in der Regel für Auslandsaufenthalte von maximal drei Monaten.

EINMAL DRAUSSEN, IMMER DRAUSSEN...

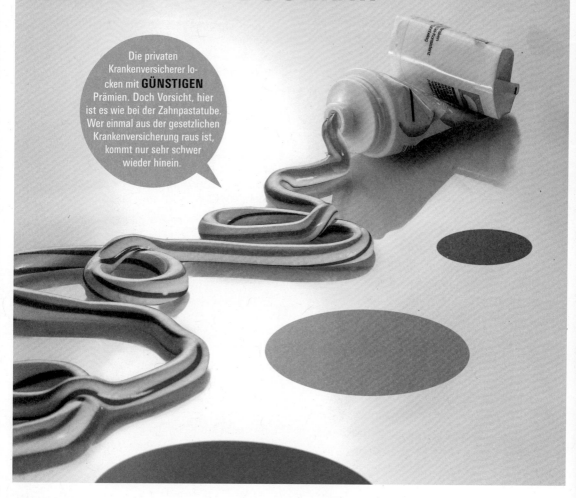

Die privaten Krankenversicherer locken mit **GÜNSTIGEN** Prämien. Doch Vorsicht, hier ist es wie bei der Zahnpastatube. Wer einmal aus der gesetzlichen Krankenversicherung raus ist, kommt nur sehr schwer wieder hinein.

Ist die Zahnpasta erst einmal aus der Tube, bekommt man sie nicht wieder hinein. Ein ähnliches Prinzip gilt bei der Krankenversicherung: Wenn Sie die gesetzliche Krankenkasse erst einmal verlassen haben, ist Ihnen – abgesehen von ganz speziellen Ausnahmen – der Rückweg versperrt.

Die private Krankenversicherung wird vor allem jungen Gutverdienern schmackhaft gemacht, die aufgrund ihres Einkommens das Recht haben, aus der gesetzlichen Krankenkasse auszusteigen. Wenn Ihr jährliches Bruttogehalt über der Versicherungspflichtgrenze liegt, dürfen Sie Ihre Mitgliedschaft in der gesetzlichen Krankenkasse beenden und eine private Krankenversicherung abschließen. Die Grenze beträgt 59 400 Euro für das Jahr 2018.

UNUMKEHRBARE ENTSCHEIDUNG

Doch der Wechsel in die private Krankenversicherung ist praktisch unumkehrbar. Nur wenn Ihr Jahreseinkommen unter die Versicherungspflichtgrenze sinkt, werden Sie als Arbeitnehmer wieder Pflichtmitglied in der „Gesetzlichen". Für Selbstständige gelten die Mindestverdienstgrenzen nicht, und viele können wählen, ob sie sich als freiwilliges Mitglied in der gesetzlichen Krankenkasse oder privat versichern. Doch auch hier ist die Rückkehr kaum möglich, wenn sie sich für die private Versicherung entschieden haben. Nur wer seine hauptberufliche Selbstständigkeit aufgibt und

zum Beispiel einen Angestelltenjob annimmt, kann in die gesetzliche Krankenkasse zurück. Wichtig: Ab dem 55. Geburtstag ist es auch damit vorbei. Eine Rückkehr ist dann nur noch in sehr speziellen Fällen möglich, etwa wenn jemand kein eigenes Einkommen hat und sich beim gesetzlich versicherten Ehepartner mitversichern kann.

HOHE BEITRAGSSTEIGERUNGEN

Das Problem bei der privaten Krankenversicherung: Der Beitrag ist nicht an das Einkommen gekoppelt und kann im Lauf der Zeit stark ansteigen. Zudem sind Kinder und Ehepartner ohne eigenes Einkommen nicht wie in der gesetzlichen Krankenkasse beitragsfrei mitversichert, sondern müssen eigene Beiträge zahlen. Dazu kommen regelmäßige Beitragssteigerungen, die zu einer extremen Verteuerung des Versicherungsschutzes führen können.

Das kann im Rentenalter oder bei Einkommensengpässen von Selbstständigen dazu führen, dass ein großer Teil des Einkommens für die Krankenversicherung draufgeht. Manchmal hilft dann nur noch der Wechsel in einen Tarif mit schlechteren Leistungen, um die Beiträge wieder auf ein erträgliches Maß zu reduzieren. Für die meisten ist es daher sinnvoller, in der gesetzlichen Krankenkasse zu bleiben und die Leistungen bei Bedarf mit einer privaten Krankenzusatzversicherung aufzubessern.

WELCHE ZUSATZ-VERSICHERUNGEN SIND SINNVOLL?

Private Krankenzusatzversicherungen gibt es in vielen Varianten. Je nach Anbieter und Tarif können Sie die Leistungen einzeln abschließen oder sich ein Paket schnüren lassen. Überlegen Sie genau, was Sie konkret absichern möchten, und lassen Sie sich dann ein individuelles Angebot zusammenstellen.

KRANKENHAUS

Mit einer privaten Zusatzpolice können Sie bei einem Krankenhausaufenthalt die Standardleistungen der gesetzlichen Krankenversicherung erhöhen, indem Sie sich beispielsweise die Unterbringung in einem Ein- oder Zweibettzimmer und die Behandlung durch den Chefarzt zusichern lassen. Das bessere Zimmer könnten Sie sich gegen einen Aufschlag für ein paar Tage auch ohne Versicherungsschutz leisten. Wenn Sie hingegen eine Chefarztbehandlung wünschen, ist das ein unkalkulierbares Kostenrisiko, das Sie versichern sollten.

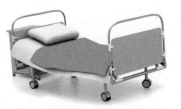

KRANKENTAGEGELD

Arbeitnehmer haben sechs Wochen lang Anspruch auf Lohnfortzahlung, danach zahlt die Krankenkasse Krankengeld. Dieses ist jedoch gedeckelt, sodass Arbeitnehmer mit höherem Einkommen ab diesem Zeitpunkt Einbußen haben. Überlegenswert ist ein zusätzliches privates Krankentagegeld ab einem monatlichen Bruttoeinkommen von mehr als 4 000 Euro. Unabhängig vom Einkommen ist eine Krankentagegeld-Versicherung für Selbstständige ratsam. Diese erhalten nämlich keine Lohnfortzahlung, wenn sie krank werden.

ZAHNERSATZ

Wenn Zahnersatz nötig wird, übernehmen die gesetzlichen Krankenkassen nur einen Teil der Kosten. Vor allem bei hochwertigem Zahnersatz wie Implantaten oder Keramikbrücken kann sich der Eigenanteil schnell auf vierstellige Beträge summieren. Aus diesem Grund ist die private Zahnersatz-Zusatzversicherung durchaus empfehlenswert. Wichtig: Achten Sie darauf, welche konkreten Anteile an den Kosten die Versicherung übernimmt.

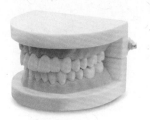

HEILPRAKTIKER

Die Übernahme von Heilpraktikerhonoraren bieten viele private Krankenversicherer nicht als eigenständige Leistung an, sondern als Bestandteil von Versicherungspaketen. Meistens ist die jährliche Leistung auf bestimmte Beträge wie zum Beispiel 1 000 Euro gedeckelt und der Versicherte muss einen prozentualen Eigenanteil leisten. Ob sich solche Angebote für Sie lohnen, hängt davon ab, ob Sie häufig alternative Behandlungsmethoden bei Heilpraktikern in Anspruch nehmen.

BRILLEN

Nur bei Kindern unter 18 Jahren und bei extremer Sehschwäche übernimmt die Krankenkasse einen bescheidenen Anteil an den Kosten für Sehhilfen. Ansonsten gilt: Der Kauf von Brillen und Kontaktlinsen ist Privatsache. In Versicherungspaketen ist mitunter die Übernahme von Kosten für Brillen enthalten, aber nur in begrenztem Umfang. Wegen der Brille eine Zusatzversicherung abzuschließen lohnt in der Regel nicht, weil die Beiträge so hoch sind, dass man sie aus eigenen Mitteln hätte finanzieren können.

VOLLKASKO?

WENN DAS AUTO in die Jahre gekommen ist, verursacht eine Vollkaskoversicherung hohe Kosten bei immer geringerem Nutzen.

Vor allem junge Leute mit niedrigem Schadenfreiheitsrabatt **ZAHLEN DRAUF**, wenn sie einen günstigen Gebrauchten vollkaskoversichern.

Schwindende Werte: Die Vollkaskoversicherung übernimmt **SELBST** verschuldete Schäden am eigenen Auto. Aber das wird Jahr für Jahr weniger wert.

BESSER NICHT!
Von Vollkasko für alte Autos profitiert nur der Versicherungsvertreter, der dann eine höhere Provision bekommt.

ZU TEUER: Die Vollkaskoversicherung zahlt Schäden, die Sie aus eigenem Verschulden an Ihrem Auto verursacht haben – dabei gibt es jedoch eine Obergrenze: Der Versicherer zahlt höchstens so viel, wie der Wagen aktuell wert ist. Bei älteren Autos, die vielleicht nur noch 2 000 oder 3 000 Euro wert sind, können Sie sich daher die Zusatzkosten für die Vollkaskoversicherung sparen.

VOLLKASKO!

BEI NEUWAGEN und hochwertigen Gebrauchten ist der Abschluss einer Vollkaskoversicherung sinnvoll.

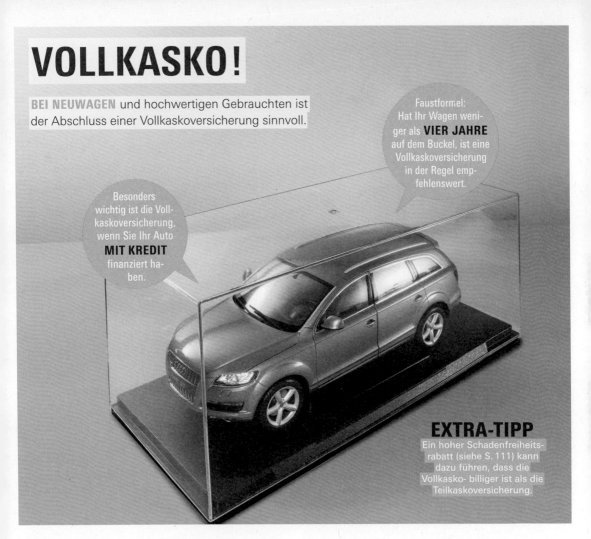

Faustformel: Hat Ihr Wagen weniger als **VIER JAHRE** auf dem Buckel, ist eine Vollkaskoversicherung in der Regel empfehlenswert.

Besonders wichtig ist die Vollkaskoversicherung, wenn Sie Ihr Auto **MIT KREDIT** finanziert haben.

EXTRA-TIPP

Ein hoher Schadenfreiheitsrabatt (siehe S. 111) kann dazu führen, dass die Vollkasko- billiger ist als die Teilkaskoversicherung.

SINNVOLL: Bei Neuwagen oder Autos mit hohem Zeitwert ist es ratsam, dem Fahrzeug eine Vollkaskoversicherung zu gönnen. Nach einem Totalschaden müssten Sie sonst hohe Kosten verkraften.

Unverzichtbar ist die Vollkaskoversicherung, wenn Sie das Auto mit einem Kredit finanziert haben – dann würden Sie nach einem Totalschaden auf den Restschulden sitzenbleiben.

AUTOVERSICHERUNG: WOMIT FAHRE ICH AM BESTEN?

Um bei der Autoversicherung das richtige Versicherungspaket zusammenstellen zu können, sollten Sie wissen, was sich hinter den einzelnen Versicherungsbausteinen verbirgt und welche Leistungen Sie erwarten können.

DIE KFZ-HAFTPFLICHTVERSICHERUNG

Wenn Sie beim Autofahren einen Unfall verursachen, müssen Sie für die entstandenen Schäden aufkommen. Dazu zählen im schlimmsten Fall nicht nur die Schäden am Auto des Unfallgegners, sondern auch Behandlungskosten, wenn es Verletzte gegeben hat. Um dieses Risiko abzudecken, ist der Abschluss einer Kfz-Haftpflichtversicherung zwingend vorgeschrieben. Dabei sollten Sie darauf achten, dass die Versicherungssumme möglichst hoch ist – viele Versicherer bieten bis zu 100 Millionen Euro Maximum.

DIE VOLLKASKOVERSICHERUNG

Selbst verschuldete Unfallschäden am eigenen Fahrzeug übernimmt die Vollkaskoversicherung, deren Abschluss im Gegensatz zur Kfz-Haftpflichtversicherung dem einzelnen Fahrzeughalter überlassen bleibt. Diese Versicherung ist recht teuer und kann je nach Fahrzeug- und Regionalklasse die Kosten der Haftpflichtversicherung übersteigen.

Ob der Abschluss einer Vollkaskoversicherung sinnvoll ist, hängt vom Alter und Wert Ihres Autos ab. Bei neuen Autos sollte dieser Schutz nicht fehlen – vor allem dann, wenn das Fahrzeug über einen Kredit finanziert wird. Um Versicherungskosten zu sparen, sollten Sie einen Selbstbehalt vereinbaren. Üblich sind 150 bis 500 Euro.

DIE TEILKASKOVERSICHERUNG

Für ältere Pkw, bei denen eine Vollkaskoversicherung sich nicht mehr lohnt, kann der Halter eine Teilkasko abschließen. Sie ist deutlich billiger. Hauptunterschied: Die Teilkasko zahlt nicht bei selbst verschuldeten Unfällen. Sie zahlt bei:

▶ Schäden durch Brand oder Explosion
▶ Diebstahl des Fahrzeugs
▶ Schäden, die unmittelbar von Sturm, Hagel, Blitzschlag oder Überschwemmung verursacht werden. Dazu zählt auch, wenn beispielsweise durch einen

Der Schadenfreiheitsrabatt

Je länger Sie unfallfrei fahren, umso günstiger werden die Versicherungsbeiträge. Je nach Anzahl unfallfreier Jahre erhalten Sie auf den Beitrag einen Rabatt und werden in sogenannte Schadenfreiheitsklassen eingestuft. **Bei besonders langer Unfallfreiheit zahlen Sie bei manchen Anbietern nur noch 25 Prozent der regulären Prämie,** Fahranfänger müssen hingegen bei manchen Anbietern deutlich über 100 Prozent zahlen. Mit jedem Unfall, bei dem die Versicherung den Schaden reguliert, verlieren Sie wieder einige Schadenfreiheitsjahre und werden entsprechend zurückgestuft. Wichtig zu wissen: Die schadenfreien Jahre werden für Haftpflicht- und Vollkaskoversicherung separat geführt.

Sturm Dachziegel losgerissen werden und auf das am Straßenrand geparkte Auto fallen.

▶ Glasbruchschäden – typisches Beispiel hierfür sind Steinschläge in der Windschutzscheibe.

▶ Schäden der Verkabelung durch Kurzschluss

▶ Zusammenstoß mit Haarwild, wobei es eine kuriose Regelung gibt: Standardmäßig sind in der Regel nur Kollisionen mit Haarwild abgesichert, das durch das Bundesjagdgesetz definiert wird. Vögel oder nicht im Gesetz aufgeführte Tiere sind meist ausgeschlossen. Wer etwa in Skandinavien mit einem Rentier kollidiert, hat Pech gehabt.

Gerade Zusammenstöße mit Tieren und Marderbisse sorgen häufig für erhebliche Schäden am Auto. Empfehlenswert ist daher eine Teilkaskoversicherung, die Schäden durch Tierbisse einschließt und bei der auch Zusammenstöße mit allen Tieren abgedeckt sind.

Im Gegensatz zu Haftpflicht- und Vollkasko- gibt es bei der Teilkaskoversicherung keinen Schadenfreiheitsrabatt, dennoch ist die Versicherung aufgrund ihres begrenzten Leistungsumfangs recht kostengünstig. Üblich ist ein Selbstbehalt im Schadensfall von 150 Euro. Eine Teilkaskoversicherung kann gesondert abgeschlossen werden, bei der Vollkaskoversicherung ist der Teilkaskoschutz immer Bestandteil.

GELD SPAREN BEI DER AUTOVERSICHERUNG

Mit einigen Maßnahmen können Sie dafür sorgen, dass Sie für die Versicherung Ihres Autos nicht mehr zahlen als nötig. Kleine Motivation: Zwischen Nichtstun und dem Umsetzen der nachfolgenden Tipps liegt ein Einsparpotenzial, das mehrere Hundert Euro im Jahr betragen kann.

VERSICHERER WECHSELN

Der 30. November ist Stichtag: Wenn Sie bis dahin Ihre Autoversicherung kündigen, können Sie zum Beginn des Folgejahres zu einem anderen Anbieter wechseln. Prüfen Sie daher jedes Jahr im Zeitraum zwischen Anfang und Mitte November, ob es günstigere Alternativen gibt. Völlig neutral und unabhängig ist die Analyse der Stiftung Warentest, die Sie für 7,50 Euro online durchführen können. Rufen Sie dazu einfach die Startseite www.test.de auf und geben Sie dann in die Suchleiste die Begriffe „Analyse Autoversicherung" ein.

TARIF WECHSELN

Wenn Sie die Formalitäten des Versichererwechsels scheuen, können Sie als „Light-Variante" einen Tarifwechsel bei Ihrem Versicherer in Betracht ziehen. Hintergrund:

Viele Versicherer nehmen Neukunden zu günstigeren Preisen auf als Bestandskunden, um für Wechselwillige günstige Angebote kalkulieren zu können. Das führt dazu, dass die bestehenden Kunden bei identischen Versicherungsleistungen und Vertragsmerkmalen höhere Prämien zahlen als Neukunden – frei nach dem Motto: „Solange sich niemand beschwert, kassieren wir einfach weiter." Wenn Sie Ihren Versicherungsvertreter informieren, dass Sie demnächst aus Kostengründen abwandern könnten, haben Sie gute Chancen, dass dieser die Umstufung in einen günstigeren Tarif aus dem Hut zaubert. So können Sie mit etwas Glück mit einem einzigen Anruf ordentlich Versicherungskosten sparen.

SCHADENFREIHEITSRABATT ERBEN

Wenn Senioren aus Altersgründen ihren Führerschein abgeben und lange Zeit unfallfrei unterwegs waren, müssen sie den angesammelten Schadenfreiheitsrabatt nicht verfallen lassen. Denn: Der Rabatt lässt sich an nahe Verwandte übertragen. Dazu zählen Kinder und Ehepartner, manche Versicherer akzeptieren auch die Übertragung an Enkel oder nicht verheiratete

Lebenspartner. Übertragen lassen sich höchstens so viele schadenfreie Jahre, wie der Begünstigte mit unfallfreiem Fahren selbst hätte erreichen können. Beispiel: Wer seit acht Jahren den Führerschein besitzt, kann höchsten acht schadenfreie Jahre übertragen bekommen.

BAGATELLSCHÄDEN SELBER ZAHLEN

Bei Kleinschäden ist es oft sinnvoller, die Versicherung aus dem Spiel zu lassen und die Reparatur aus eigener Tasche zu zahlen. Wenn Sie nämlich der Versicherung einen Schaden melden, verlieren Sie einen Teil Ihres Schadenfreiheitsrabatts und müssen etliche Jahre unfallfrei fahren, um wieder auf den aktuellen Rabatt zu kommen.

INDIVIDUELLE FAKTOREN ANPASSEN

Viele Versicherer reduzieren die Prämie, wenn Sie bestimmte Kriterien erfüllen. Ein paar Beispiele:

▸ Das Auto wird nachts üblicherweise in einer Garage geparkt.
▸ Nur eine Person fährt, andere dürfen nicht ans Steuer. Eine Ausnahme gilt häufig für Ehe- und Lebenspartner.
▸ Sie fahren jährlich nicht mehr als eine bestimmte Anzahl an Kilometern.

Allerdings sollten Sie bei der Wahrheit bleiben und den Versicherer zeitnah informieren, wenn ein preisrelevantes Merkmal wegfällt. Schummeln kann teuer kommen.

30.11.

Das ist der Stichtag, wenn Sie im Folgejahr zu einem preiswerteren **Versicherer wechseln** wollen. Bis dann muss Ihre Kündigung bei Ihrem Versicherer sein.

1669 €

war der **Preisunterschied zwischen teuerstem und billigstem Anbieter** von Haftpflicht plus Teilkasko bei unserem letzten Test im Fall einer 19-jährigen Fahranfängerin.

1000 €

kann es Sie kosten, wenn Sie etwa bei der Kilometerleistung gemogelt haben, damit die Versicherung billiger wird. **Die Sanktionen bei Verstößen sind unterschiedlich:** Manche Versicherer verlangen nachträglich den Aufpreis plus einer Strafgebühr, andere kassieren pauschal einen zusätzlichen Jahresbeitrag oder eine feste Strafgebühr von 500 oder 1 000 Euro.

Auto, Jacht und Weltreise

Was tun, wenn die Wünsche größer sind als der Geldbeutel? Mit der richtigen Strategie und den passenden Anlageprodukten können Sie ein finanzielles Polster für Ihre künftigen Investitionen aufbauen. Und wenn es mal nicht ohne Kredit gehen sollte, gilt es, vor Vertragsabschluss alles kritisch durchzurechnen, damit Sie nicht in die Schuldenfalle tappen.

BLANK?

WER KEIN GELD für zukünftige Anschaffungen zurücklegt, muss immer wieder aufs Neue teure Kredite in Anspruch nehmen.

Ohne Geldpolster steht vor jeder größeren Anschaffung die **BANGE FRAGE**, ob man sich den Kredit dafür auch leisten kann.

Sie müssen dem Vermögensaufbau immer **HINTERHER-HECHELN**, wenn Sie ständig mit dem Rückzahlen von Krediten beschäftigt sind.

AUCH IN GELDANGELEGENHEITEN GILT: Wer nicht vorsorgt, kann im Bedarfsfall auch auf nichts zurückgreifen. Das bedeutet, dass das Konto in regelmäßigen Abständen in die roten Zahlen gerät oder ständig Ratenkredite bedient werden müssen. Auf diese Weise riskiert man nicht nur das Abrutschen in die Schuldenfalle, sondern verpulvert Jahr für Jahr viel Geld für Zinskosten.

MIT POLSTER!

MACHEN SIE EINE LISTE aller größeren Anschaffungen, die Sie in den nächsten fünf Jahren planen, und bilden Sie dafür ein Polster.

Wenden Sie die Eichhörnchen-Strategie an und sorgen Sie vor. Wer Anschaffungen aus **ANGESPARTEM** Guthaben zahlt, muss keine teuren Kreditzinsen entrichten.

Planvolles Sparen und vorsichtiger Umgang mit Anschaffungskrediten sind der **BESTE SCHUTZ** vor der Schuldenfalle.

DIE EICHHÖRNCHEN-STRATEGIE: Legen Sie regelmäßig Geld für geplante Anschaffungen und auch mögliche Notfälle – etwa größere Reparaturen – auf die Seite. Das ist sicherer, weil Sie dank weniger Schulden den besseren Überblick über Ihre Verbindlichkeiten haben. Und es ist zudem günstiger, weil Sie keine Hypothekenzinsen an die Bank zahlen müssen.

WELCHE PRODUKTE FÜRS SPAREN INFRAGE KOMMEN

Beim Sparen auf Anschaffungen sollten Sie auf Produkte setzen, die kein Verlustrisiko mit sich bringen. Am besten konzentrieren Sie sich auf die klassischen Produkte der Banken, während Sie risikoreichere Anlagen wie Fonds oder Aktien meiden sollten. Welches Angebot für Sie infrage kommt, hängt nicht nur von der Zinshöhe, sondern auch von der Flexibilität ab. Kann das neue Auto ebenso gut in sechs Monaten wie in drei Jahren fällig werden, sollten Sie ein Produkt wählen, auf das Sie kurzfristig zugreifen können. Wissen Sie hingegen, dass etwa Ihre Einbauküche noch fünf Jahre hält, können Sie auch ein Produkt mit fester Laufzeit wählen. Ein weiteres Auswahlkriterium ist, ob Sie in regelmäßigen monatlichen Raten sparen oder einen größeren Betrag fest anlegen wollen.

SPAR- ODER TAGESGELDKONTO

Das Spar- und das Tagesgeldkonto sind die klassischen Produkte für das kurzfristige Allround-Sparen. Sie können sowohl einmalig wie auch regelmäßig Beträge einzahlen und kurzfristig Geld abheben – allerdings mit einem wichtigen Unterschied:

▶ **Beim Sparkonto** müssen Sie größere Abhebungen entweder drei Monate vorher ankündigen oder der Bank einen sogenannten Vorschusszins zahlen, damit sie das Geld sofort rausrückt.
▶ **Beim Tagesgeldkonto** können Sie hingegen von heute auf morgen das komplette Guthaben abrufen.

Weil es überdies fürs Tagesgeldkonto oft höhere Zinsen gibt als fürs Sparkonto, lohnt sich der Sparklassiker nur in wenigen Ausnahmefällen. Ein Tagesgeldkonto einzurichten ist einfach: Sie brauchen nur das Konto zu eröffnen und dabei Ihr Girokonto als Referenzkonto anzugeben. Wenn Sie Geld abheben, wird der gewünschte Betrag automatisch aufs Referenzkonto transferiert. Wenn Sie Geld auf Ihr Tagesgeldkonto einzahlen möchten, können Sie dies per Überweisung oder Dauerauftrag von jedem beliebigen Konto aus tun.

Geeignet ist das Tagesgeldkonto für das Anlegen einer „eisernen Reserve", die Sie bei unvorhergesehenen größeren Ausgaben schnell einsetzen können, sowie für das kurz- bis mittelfristige Sparen.

Besonders gut verzinste Angebote finden Sie häufig bei Direktbanken, die ihre Produkte über das Internet anbieten. Welche Tagesgeldkonten in den letzten zwei Jahren dauerhaft zu den besten zählten, finden Sie im Serviceteil auf S. 208.

RATENSPARPLÄNE

Ratensparpläne sehen feste monatliche Raten vor, wobei die Mindestrate je nach Bank meist zwischen 10 und 50 Euro liegt. Große Unterschiede gibt es bei den Laufzeiten, die zwischen einem und mehr als zehn Jahren betragen können. Manche Verträge können Sie nach einer Mindestspardauer von ein bis zwei Jahren mit einer Frist von drei Monaten ohne Zinsverlust kündigen, andere haben längere Festlaufzeiten und eine Kündigung ist nur mit Zinsverlust möglich.

Manche bieten feste, andere variable Zinsen. Dazu kommen bei vielen Angeboten laufzeitabhängige Extrazinsen – der „Bonus". Am weitesten verbreitet sind Ratensparverträge mit niedriger variabler Grundverzinsung und einem laufzeitabhängigen Bonus. Dabei zahlen die Kreditinstitute neben der Grundverzinsung als Bonbon entweder nach jedem Laufzeitjahr oder am Ende der Gesamtlaufzeit einen Zinsbonus. Wie hoch dieser ausfällt, richtet sich nach der Dauer der Laufzeit. Faustregel: Je länger die Spardauer ist, desto höher fällt der Bonus aus.

80 €

monatlich müssen Sie auf die Seite legen, wenn Sie sich in fünf Jahren eine **Weltreise** für 5 000 Euro leisten wollen.

271 €

benötigen Sie als Monatsrate, wenn Sie in drei Jahren ein neues **Auto** kaufen wollen und dafür 10 000 Euro ansparen möchten.

309 €

sind Monat für Monat auf die Seite zu legen, wenn Sie in zehn Jahren den **Erwerb eines Eigenheims** planen und zu diesem Zweck Ihr Eigenkapital um 40 000 Euro aufstocken wollen.

4 430 €

beträgt das **Guthaben**, wenn Sie sieben Jahre lang monatlich 50 Euro sparen.

Alle Berechnungsbeispiele basieren auf einem Ratensparplan mit einem Festzins von 1,5 Prozent.

Simple Bankprodukte im Steckbrief

Je nachdem, ob Sie regelmäßig sparen möchten oder bereits einen größeren Betrag Ihr Eigen nennen, kommen unterschiedliche Produkte infrage. Überlegen sollten Sie auch, ob Sie das Geld eine bestimmte Zeit ganz sicher nicht brauchen oder ob Sie nicht doch darauf zugreifen müssen.

	Kann ich einen größeren Betrag einmalig anlegen?	Kann ich regelmäßig sparen	Wie wird verzinst?	Kann ich vorzeitig zugreifen?
Tagesgeld	Ja	Ja	Variabel	Ja
Ratensparplan	Nein	Ja	Variabel oder fest	Ja – je nach Vertrag mit Einschränkungen
Festgeld	Ja	Nein	Fest	Nein
Sparbrief	Ja	Nein	Fest	Nein
Sparvertrag mit steigendem Zins	Ja	Nein	Fest	Ja – je nach Vertrag mit Einschränkungen

Die Banken gestalten die Bonuszahlungen sehr unterschiedlich. So kann sich die Extrazahlung auf die eingezahlten Beiträge oder auf die Grundverzinsung beziehen, und der Bonus kann jedes Jahr oder nur einmalig bei der Auflösung des Guthabens gutgeschrieben werden. Möglich ist sogar, dass die Bank bei vorzeitiger Kündigung bereits gutgeschriebene Bonuszinsen wieder einkassiert. Attraktiver als undurchsichtige Bonusregelungen sind häufig Sparpläne mit festem Zins oder mit einer Zinstreppe.

Auf die folgenden Punkte sollten Sie beim Abschluss eines Ratensparplans achten:

▶ Ist die Verzinsung variabel oder fest?
▶ Auf welche Weise wird der Bonus berechnet?
▶ Welches Endguthaben kommt bei der gewünschten Sparrate und Laufzeit heraus?
▶ Kann ich während der Sparphase die Rate aussetzen?
▶ Komme ich auch vor Ende der regulären Laufzeit an das Guthaben heran?

In jedem Fall sollten Sie das Kleingedruckte aufmerksam lesen und die Kündigungsbedingungen prüfen. Um das beste Angebot herauszufiltern, sollten Sie jeder Bank dieselbe Monatsrate bei gleicher Laufzeit vorgeben und dann das Endguthaben vergleichen.

FESTGELD

Festgeldkonten haben eine Laufzeit von einem Monat bis zu mehreren Jahren und können vor Ablauf der Anlagefrist nicht gekündigt werden. Je nach Bank liegt der Mindestanlagebetrag häufig bei 1 000 bis 5 000 Euro, regelmäßige Sparpläne sind nicht möglich. Damit sind Festgelder für das Zwischenparken größerer Beträge geeignet – allerdings nur unter der Voraussetzung, dass Sie sicher sind, vor Ablauf der Anlagefrist das Geld nicht zu benötigen.

Beim Abschluss eines Festgeldkontos sollten Sie prüfen, was am Ende der Anlagefrist geschieht. Hier verhalten sich die Banken nämlich nicht einheitlich: Die einen lassen das Festgeld auslaufen, wenn kein Auftrag für die Verlängerung erfolgt, und die anderen legen das Geld automatisch mit gleicher Laufzeit neu an, wenn Sie vor dem Ende der Anlagefrist keine Kündigung einreichen. Ist Letzteres der Fall, sollten Sie gleich nach dem Abschluss das Festgeld vorsorglich kündigen, damit Sie das Geld nicht aus Unachtsamkeit wieder festlegen. Entscheiden Sie sich dann doch für eine Verlängerung der Anlage, können Sie dies zu gegebener Zeit immer noch in aller Ruhe entscheiden.

SPARBRIEFE

Sparbriefe funktionieren ähnlich wie Festgeldkonten: Sie legen das Geld für einen bestimmten Zeitraum fest an und können vor Ablauf der Anlagedauer nicht darauf zugreifen. Oft ist die Mindestanlagesumme für Sparbriefe niedriger als für Festgelder, sodass Sie auch kleinere Beträge fest anlegen können. Die Laufzeit liegt im Regelfall zwischen einem Jahr und zehn Jahren.

SPARVERTRÄGE MIT STEIGENDEM ZINS

Für diejenigen, die noch nicht genau wissen, zu welchem Zeitpunkt sie ihr angelegtes Geld wieder brauchen, sind Sparverträge mit steigendem Zins eine passende Lösung. Üblicherweise legen Sie eine feste Summe an, monatliche Sparraten oder Zuzahlungen während der Laufzeit sind meist nicht erlaubt. Wie hoch der Ertrag ausfällt, hängt davon ab, wie lange Sie das Geld liegen lassen – denn Jahr für Jahr steigt der Zinssatz ein bisschen weiter an.

Bei den meisten Anbietern können Sie nach Ablauf eines Jahres mit einer Kündigungsfrist von drei Monaten auf das Geld zugreifen. Ob Sie dann nur das gesamte Guthaben oder auch Teilbeträge kündigen können, hängt von den Vertragsbedingungen der Bank ab.

SCHRÄGES DUO?

HOHE ZINSEN FÜRS Tages- oder Festgeld gibt es bei manchen Banken nur, wenn ein Teil des Geldes in einen Fonds fließt.

> Das harmoniert einfach nicht: Zwar bieten **KOMBI-OFFERTEN** einen höheren Zins als den Standardzins. Doch die Hälfte des Geldes muss in einen Investmentfonds fließen. Und bei dessen Auswahl gibt allein die Bank den Ton an.

SCHLECHTE KOMBI: Mit dem hohen Zins fürs Tages- oder Festgeld lockt die Bank Kunden an. Doch die Hälfte des Geldes wird in einen Fonds investiert. Mit der Provision, die Sie für den Fonds zahlen, spielt die Bank die hohen Zinsen, die Sie Ihnen anbietet, wieder ein. Sie zahlen hingegen die teuren Kaufkosten für einen Fonds, der womöglich gar nicht zu Ihrem Anlageziel passt.

BESSER SOLO!

DER VERZICHT AUF den Extra-Zins ist meist sinnvoller als eine unharmonische Anlagekombination.

> Suchen Sie sich lieber ein reines Tages- oder Festgeldkonto, bei dem Sie **OHNE FONDS- BEGLEITUNG** gute Zinsen bekommen.

OHNE MISSTÖNE: Wenn Sie auf den überflüssigen Fondsbegleiter verzichten, kommen Sie trotz des Verzichts auf den Extra-Zins besser weg. Sie sparen nicht nur die Fondskosten ein, sondern vermeiden auch, dass Sie einen Teil Ihres Geldes risikoreicher anlegen als ursprünglich geplant – denn für bereits ins Auge gefasste Anschaffungen sind Fonds in der Regel nicht geeignet.

MEHR, MEHR, MEHR!

WARUM SICH EINE HUNGERKUR in Form von 1 Prozent Zinsen oder weniger gefallenlassen, denken viele und erliegen der Versuchung riesiger Zinsversprechen.

Da lockt sie, die Versuchung. Anlegern wird sie von Beratern oder im Internet schmackhaft gemacht: **10 % ZINSEN UND MEHR!** Also nichts wie zuschnappen? Besser nicht! Auch Zinsangebote sind nicht immer sicher. Wer anbeißt, muss mit herben Verlusten rechnen.

Vor allem in Zeiten niedriger Zinsen werben manche Finanzanbieter mit hohen Renditen und ziehen zuweilen ganz ungeniert klassische Festgeldangebote von Banken zum Vergleich heran. Doch auch bei Zinsanlagen gilt: Je höher der angebotene Zins, umso größer ist auch das Verlustrisiko, das Sie eingehen.

Wenn hohe Zinsen versprochen werden, handelt es sich oft um Schuldverschreibungen. Das bedeutet: Sie leihen einem Unternehmen für einen bestimmten Zeitraum Geld, erhalten Jahr für Jahr Ihren festen Zins und bekommen am Ende der Anlagedauer Ihr Geld wieder zurück.

So zumindest sagt es die Theorie. Doch in der Praxis stellt sich zuallererst die Frage nach der Zahlungsfähigkeit des jeweiligen Unternehmens. Wenn der Herausgeber der Schuldverschreibung zahlungsunfähig wird und Insolvenz anmeldet, können Sie den größten Teil Ihres investierten Geldes in den Wind schreiben. Während es bei der Kapitalanlage bei Banken für solche Fälle eine Einlagensicherung zum Schutz der Sparer gibt, haben Sie bei Schuldverschreibungen weder Netz noch doppelten Boden. Seien Sie besonders vorsichtig mit Schuldverschreibungen, die nicht von großen Weltkonzernen stammen und auch nicht an der Börse gehandelt werden – hier ist das Verlustrisiko meist besonders hoch.

Eine Variante der Schuldverschreibung ist der Genussschein. Auch hierfür werden hohe Zinsen versprochen. Ob die Zinsen fließen, ist meist davon abhängig, ob das Unternehmen im jeweiligen Geschäftsjahr Gewinne erwirtschaftet. Geht das Unternehmen pleite, sind Genussscheine „nachrangig" – und das bedeutet: Deren Inhaber erhalten erst dann Geld, wenn die Ansprüche von allen anderen Gläubigern befriedigt sind. In der Praxis heißt das meist: Totalverlust.

Auch Banken, die nicht den europäischen Sicherungseinrichtungen angeschlossen sind, offerieren zuweilen hochverzinste Sparanlagen. Doch wenn die Bank zahlungsunfähig wird, haben Sie nur den – unter Umständen ebenfalls wackligen – Einlagenschutz des Herkunftslandes.

Besser auf Nummer sicher gehen: Banksparpläne, Sparbriefe, Tagesgeld- und Festgeldkonten aus sicheren EU-Ländern wie Deutschland oder den Niederlanden (siehe S. 31) zählen weder zu den Innovationen noch zu den Renditeperlen der Finanzbranche. Doch dafür ist Ihr Geld vor Verlusten geschützt – und das ist die wichtigste Eigenschaft, wenn es ums Sparen auf Anschaffungen geht. So frustrierend es derzeit angesichts magerer Zinsen auch sein mag: Wenn Sie sich den Traum von Auto, Jacht oder Weltreise in ein paar Jahren erfüllen möchten, sollten Sie auf die Produkte setzen, die sich seit Jahrzehnten bewährt haben.

MEINE PLÄNE UND DER SPARPLAN – SO PASST ES

Planungen sind immer mit einer gewissen Unsicherheit verbunden – das ist bei der Finanzplanung und auch bei der Planung Ihrer zukünftigen Anschaffungen nicht anders. Daraus sollten Sie jedoch nicht den Schluss ziehen, dass sich Planen sowieso nicht lohnt. Besser ist es, so zu planen, dass Sie im Lauf der Zeit ohne größere Probleme die eine oder andere Korrektur vornehmen können.

Beim Planen Ihrer Anschaffungen und größeren Ausgaben geht es letztlich darum, die Wünsche mit den Ansparmöglichkeiten in Einklang zu bringen. Dabei werden Sie möglicherweise schnell feststellen, dass beides nicht immer zusammenpasst: Bei vielen Menschen übersteigt die Summe der Wünsche die Summe des Kapitals. Wenn diese Konstellation eintritt, gilt es entweder auf der Spar- oder auf der Anschaffungsseite nachzujustieren.

DIE ANSPARMÖGLICHKEITEN

Wie viel Geld Sie für Ihre zukünftigen Anschaffungen auf die Seite legen können, hängt in erster Linie von der Summe ab, die am Ende des Monats nach Abzug Ihrer laufenden Ausgaben vom Nettoeinkommen übrig ist. Auf dieser Basis können Sie schon mal hochrechnen, wo Sie dann später einmal stehen. So verfügen Sie in fünf Jahren über 12 000 Euro, wenn Sie jeden Monat 200 Euro auf die Seite legen. Die Zinsen sind dabei nicht berücksichtigt.

Bei mittelfristigen Banksparplänen mit ihren bescheidenen Zinsen bringen diese einen eher begrenzten Mehrwert: Rechnen Sie denselben Sparplan mit einem Zinssatz von 1,5 Prozent durch, erhalten Sie am Ende rund 466 Euro mehr. Zwar lohnt sich die Suche nach einem möglichst gut verzinsten Sparplan immer, weil Sie diese Produkte mit geringem Aufwand vergleichen und abschließen können. Doch an der Grundstrategie ändert es nichts, ob Sie etwas mehr oder weniger Zinsen erhalten.

Auf der Ansparseite können Sie den monatlichen Sparbetrag erhöhen, indem Sie entweder Ihr Einkommen steigern oder Ihre Ausgaben reduzieren. Sie können natürlich einen Nebenjob annehmen, mehr arbeiten oder den Chef um eine Gehaltserhöhung bitten. Da Sie bei der Einkommensfrage das Heft des Handelns aber oft nicht selbst in der Hand haben, lohnt sich der Blick auf die Ausgaben. Hier ist es empfehlenswert, Ihren Alltag nach den ab S. 40 beschriebenen „Geldfresserchen" zu durchforsten und damit Ihre Ansparkapazitäten zu erweitern.

IHRE WÜNSCHE

Wofür möchten Sie in den nächsten Jahren größere Beträge ausgeben? Diese Liste füllt sich schnell: irgendwann das nächste Auto, mal einen richtig großen Flatscreen, im Winter eine längere Überseereise und dann vielleicht noch das schicke Ledersofa, das Sie neulich im Möbelhaus gesehen haben. Das nur allzu bekannte Problem dabei: Die Wunschliste wächst meist schneller als Ihre finanziellen Möglichkeiten. Dann haben Sie drei Optionen:

▸ Sie können versuchen, das nicht vorhandene Kapital durch einen Kredit zu ersetzen – die schlechteste Wahl,

▸ Sie können eine Anschaffung aufschieben, bis genügend Geld vorhanden ist, oder

▸ Sie können überlegen, ob es auch eine Nummer kleiner geht – beispielsweise ein Gebraucht- statt eines Neuwagens.

WÜNSCHE AN MÖGLICHKEITEN ANPASSEN

Um Ihre Wunschliste mit den finanziellen Möglichkeiten kompatibel zu machen, sollten Sie zunächst einmal Prioritäten setzen. Welche Investition ist unabdingbar? Vielleicht das Auto, weil beispielsweise Ihr aktuelles schon 13 Jahre auf dem Buckel hat und Sie beruflich darauf angewiesen sind? Kann eine Anschaffung erst mal auf Eis gelegt werden? Vielleicht ist das derzeitige Wohnzimmersofa zwar kein Designknüller, hält aber bestimmt noch fünf Jahre? Oder kann ein Wunsch erst mal in ganz dicke Klammern gesetzt werden, weil Sie den neuesten 1,50-Meter-Flatscreen toll finden, ihn aber nicht wirklich brauchen?

Auf diese Weise können Sie den Wildwuchs im Garten der Wünsche schon mal auf realistische Maße stutzen. Wenn Wunsch und Wirklichkeit dann immer noch nicht übereinstimmen, sollten Sie überlegen, bei welchen Anschaffungen es eine Nummer kleiner geht. Ob Autokauf, neue Einrichtung oder Urlaubsreise: Manchmal ist es einfach sinnvoll und notwendig, die Ansprüche so weit herunterzuschrauben, dass die Wunscherfüllung nicht gleich mit der drohenden Überschuldung verbunden ist. Erst im letzten Schritt sollten Sie die Kreditfinanzierung bei langlebigen Anschaffungen wie Auto oder Wohnungseinrichtung in Betracht ziehen, weil damit eine langfristige finanzielle Verpflichtung verbunden ist.

Der Anpassungsvorgang läuft meist in mehreren Durchgängen ab. Immer wieder gilt es zu prüfen, ob Sie die Wünsche im geplanten Zeitraum mit Ihren Ersparnissen stemmen können – wenn nicht, ist eben eine neue Anpassungsrunde erforderlich.

SPARANGEBOTE VERGLEICHEN

Die einfachste Möglichkeit, regelmäßig zu sparen, besteht darin, auf das Tagesgeld oder Sparbuch einen Dauerauftrag einzurichten. Doch dies ist nur sinnvoll, wenn Sie nicht länger als drei Jahre sparen möchten. Denn der Preis für die kurzfristige Verfügbarkeit von Tagesgeld und Sparbuch liegt im vergleichsweise niedrigen Zins.

Eine bessere Verzinsung bieten Ihnen ausgewählte Ratensparpläne der Banken – allerdings sind sie längst nicht so flexibel wie Tagesgeld. Oft können Sie erst nach einer gewissen Ansparzeit vorzeitig über das Geld verfügen, und häufig sind Sonderzahlungen außerhalb der vereinbarten Monatsrate nicht erlaubt.

Viele Sparpläne sind als Bonus-Sparverträge konzipiert. Bei dieser Variante erhalten Sie während der Laufzeit einen ziemlich niedrigen Grundzins. Dazu kommen jährliche Boni, die umso höher ausfallen, je länger der Vertrag läuft. Doch lassen Sie sich von hohen Prozentzahlen beim Bonus nicht blenden – denn unterm Strich ist die Rendite weitaus niedriger, als es auf den ersten Blick scheint. Das liegt daran, dass die Sonderzahlung meist nur auf die Summe der jährlich eingezahlten Raten erfolgt und kein Zinseszins mit eingerechnet wird.

Wenn der Bonus nur auf die Zinsgutschriften vergeben wird, ist die Differenz zwischen der optischen und wahren Rendite noch höher – ein Bonus von 50 Prozent auf die Zinszahlungen macht aus 1,0 Prozent Grundverzinsung lediglich eine Rendite von 1,5 Prozent.

Wichtig: Es gibt auch Sparverträge mit einmaligem Bonus am Ende der Laufzeit. Je höher dieser ist, umso größer wird die Gefahr, dass Sie in die Steuerfalle tappen. Bonuszahlungen werden nämlich dann steuerlich als Zins angerechnet, wenn sie zur Auszahlung kommen – und schlagen damit im Jahr der Fälligkeit voll auf Ihren Freistellungsauftrag durch. Bevor Sie das Risiko eingehen, einen Teil Ihrer Bonuszahlung versteuern zu müssen, sollten Sie lieber Sparverträge ohne Bonus und mit regelmäßiger höherer Zinszahlung wählen, da hier die steuerliche Anrechnung der Zinsen auf die einzelnen Jahre besser verteilt wird.

Der Zins sollte jedoch nicht das einzige Kriterium sein, denn die Angebote unterscheiden sich hinsichtlich der Sicherheit der Zinsen, der Möglichkeit von Extra-Sparleistungen und der Verfügbarkeit. Hier die wichtigsten Punkte, auf die Sie beim Sparplan-Vergleich achten sollten:

Welches Angebot bringt den besten Zins?

25 Prozent Bonus, das klingt verlockend! Wer nachrechnet, stellt aber fest: Angebot 2, das 25 Prozent Bonus bietet, ist das schlechteste. Lassen Sie sich nicht von hohen Bonusprozenten blenden. Verlangen Sie die Angabe der Rendite für eine vorgegebene Spardauer. So können Sie Sparpläne ohne Verzerrung vergleichen.

	Monats-rate	Laufzeit	Sparleistung gesamt	Endguthaben	Jährliche Rendite
Angebot 1: Die Zinsstaffel: 0,25 % im ersten Jahr, 0,5 % im zweiten, 0,75 % im dritten, 1,0 % im vierten und 1,25 % im fünften Jahr.	50 Euro	5 Jahre	3 000 Euro	3 072,88 Euro	0,95 %
Angebot 2: Eine Grundverzinsung von 0,4 % plus 25 % Bonus auf die Summe der Zinsgutschriften am Ende des fünften Jahres.	50 Euro	5 Jahre	3 000 Euro	3 038,31 Euro	0,50 %
Angebot 3: Laufende Verzinsung von 1,1 % jährlich ohne Bonus und ohne Zinsstaffel.	50 Euro	5 Jahre	3 000 Euro	3 085,00 Euro	1,10 %

▶ **Fixer oder variabler Zins.** Die Grundverzinsung kann entweder über die gesamte Laufzeit fest sein oder regelmäßig an einen Referenzzinssatz angepasst werden. Meist ist ein fester Zins attraktiver. Verfügt der Sparplan über eine Kündigungsmöglichkeit, können Sie bei einem Zinsanstieg am Markt ohne Verlust aussteigen und in einen höher verzinsten Sparplan investieren.

▶ **Extra-Einzahlungen.** Wenn Sie sich die Möglichkeit offenhalten wollen, variable Extra-Zahlungen zu leisten, sollten Sie darauf achten, dass eine solche Klausel im Vertrag vorgesehen ist.

▶ **Verfügbarkeit.** Einen Sparplan ohne vorzeitige Zugriffsmöglichkeit sollten Sie nur wählen, wenn Sie sich ganz sicher sind, dass Sie das Geld nicht vorher brauchen. Sonst empfehlen sich flexible Verträge, auf die Sie nach Ablauf der Sperrfrist – meist ein Jahr – nach Belieben zugreifen können. Sonst kann es passieren, dass Sie gesperrte Guthaben mit einem teuren Überbrückungskredit zwischenfinanzieren müssen.

SO LALA?

OHNE EIGENKAPITAL auf dem Weg zum Eigenheim – das ist ein riskantes Unterfangen.

Vorsicht, fehlende Basis: Baufinanzierungen ohne Eigenkapital erscheinen vor allem in Niedrigzinsphasen attraktiv – doch sie bergen die **GEFAHR** der Überschuldung.

Das Eigenkapital muss dann über eine **HOHE TILGUNG** gebildet werden. Das verteuert die Monatsrate enorm.

100 PROZENT UNSICHER: Mit 100-Prozent-Finanzierungen versuchen manche Banken Bauherren zu locken, die kein Eigenkapital haben. Doch das ist riskant und wird teuer, weil die Banken dafür happige Zinsaufschläge verlangen. Dazu kommt: Fehlendes Eigenkapital ist häufig ein Indiz für fehlende Spardisziplin – für Baufinanzierungen ist das ein schlechtes Omen.

SOLIDE!

10 BIS 20 PROZENT des Kaufpreises plus Nebenkosten sollten Sie aus Eigenmitteln finanzieren.

Erstellen Sie eine **BELASTBARE** Finanzierung: Jeder Euro, den Sie an Eigenkapital investieren können, spart Ihnen bares Geld, weil Sie dafür keine Kreditzinsen zahlen müssen.

EXTRA-TIPP
Die Banken bieten günstigere Zinsen, wenn die Kreditsumme weniger als 80 Prozent des Kaufpreises beträgt. Das spart zusätzliche Zinskosten.

AUF SICHEREM BODEN: Planen Sie den Kauf oder Bau Ihres Eigenheims von langer Hand und beginnen Sie früh damit, Geld dafür auf die Seite zu legen. Das hat auch einen psychologischen Effekt: Wer sich ans regelmäßige Sparen gewöhnt, kommt besser mit der Finanzierungsrate für die eigenen vier Wände klar als derjenige, der auf großem Fuß gelebt und übriges Geld verkonsumiert hat.

131

WIE SPARE ICH AM BESTEN FÜRS EIGENHEIM?

WER DEN TRAUM VON DEN EIGENEN VIER WÄNDEN verwirklichen will, braucht genügend Eigenkapital.

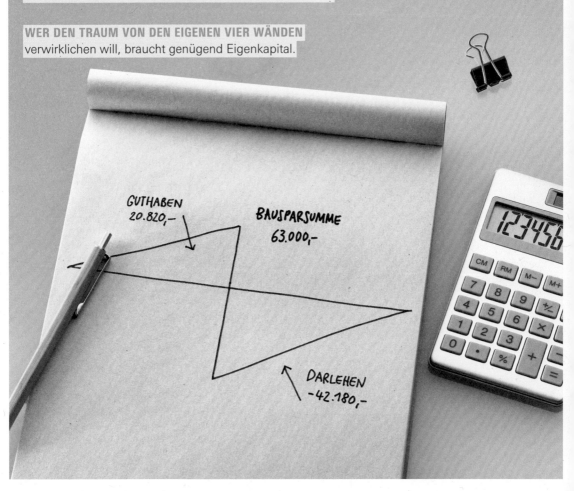

Eine Investition der besonderen Art ist der Erwerb eines Eigenheims. Das ist in finanzieller Hinsicht praktisch eine Entscheidung fürs Leben, denn der Immobilienerwerber steckt nicht nur den größten Teil seines Vermögens als Eigenkapital hinein, sondern nimmt meist auch noch ein Darlehen in sechsstelliger Höhe auf und zahlt dieses über einen Zeitraum von 20 Jahren oder noch länger zurück. Grund genug also, beim Sparen die Weichen schon frühzeitig richtig zu stellen, wenn Sie in einigen Jahren eine Wohnung oder ein Haus kaufen möchten.

Damit Ihre Baufinanzierung auf sicherem Fundament steht, benötigen Sie unbedingt Eigenkapital. So sollten Sie schon mal die Nebenkosten, also Grunderwerbsteuer, Notar- und Grundbuchgebühren, ausschließlich aus Eigenmitteln bestreiten können. Diese Nebenkosten können beispielsweise bei einer Immobilie im Wert von 250 000 Euro je nach Bundesland bis zu 20 000 Euro betragen. Kaufen Sie über einen Makler, kommt noch eine Vermittlungsprovision bis zu 7,14 Prozent des Kaufpreises dazu. Darüber hinaus sollte auch ein möglichst großer Teil des Kaufpreises mit Eigenkapital finanziert werden, mindestens aber 10 bis 20 Prozent.

Für das Ansparen von Eigenkapital kommen vor allem risikoarme Anlageprodukte infrage. Dabei haben Sie die Wahl zwischen Bankangeboten und Bausparen.

BAUSPAREN

Bausparverträge werden von Bausparkassen angeboten. Beim typischen Ablauf einer Bausparfinanzierung durchläuft der Vertrag zwei Phasen: die Ansparphase und die Darlehensphase.

Das Ansparen dauert bei den Standard-Bausparverträgen meist sieben bis zehn Jahre. Sie zahlen monatliche Raten ein, deren Höhe sich an der vereinbarten Bausparsumme orientiert. Haben Sie dann einen bestimmten Anteil von 30 bis 50 Prozent der Vertragssumme eingezahlt und erfüllt der Vertrag noch einige weitere Voraussetzungen, kommt er in die sogenannte Zuteilung. Sie bekommen dann von der Bausparkasse die gesamte Vertragssumme ausgezahlt. Der über das eingezahlte Guthaben hinausgehende Auszahlungsbetrag wird als Darlehen gewährt, und damit beginnt die Darlehensphase.

Den Zeitpunkt der Zuteilung darf die Bausparkasse nicht garantieren, weil er von der Geschäftsentwicklung der Bausparkasse abhängt. Die prognostizierten Zuteilungsfristen sind schon seit vielen Jahren stabil, allerdings kann niemand ausschließen, dass Sie am Ende eventuell doch länger als geplant warten müssen, bis Sie den Kredit erhalten.

Der Vorteil eines Bausparvertrags besteht vor allem darin, dass Sie schon beim Vertragsabschluss wissen, wie hoch Ihr späterer Kreditzins ausfallen wird. Außerdem erhalten Sie unter bestimmten Voraussetzungen staatliche Zuschüsse in Form von Wohnungsbauprämie oder Arbeitnehmersparzulage. Auch können Sie einen Bausparvertrag im Rahmen der Riester-Rente besparen und dafür Zulagen und Steuervorteile erhalten.

Nachteilig sind die recht hohen Nebenkosten. Üblicherweise wird beim Abschluss des Vertrags eine Abschlussgebühr von 1 bis 1,6 Prozent der Vertragssumme kassiert. Dazu kommen oft jährliche Vertragsgebühren von meist 9 bis 15 Euro. Und manche Bausparkassen berechnen bei der Kreditauszahlung zusätzliche Darlehensgebühren.

Ganz wichtig ist, dass Sie keine überhöhten Vertragssummen abschließen. Passt die Sparrate nicht zur Vertragssumme, wird nämlich der Vertrag nicht rechtzeitig zuteilungsreif. Hier gilt es aufzupassen, denn Bausparvertreter verkaufen gerne hohe Bausparsummen, weil sich die Höhe ihrer Provision ganz oder zumindest teilweise nach der Bausparsumme bemisst. Achten Sie auf den Regelsparbeitrag, der sich in Promille der Bausparsumme bemisst. Wenn Sie monatlich diesen Betrag einzahlen, haben Sie die besten Chancen, dass die Zuteilung nach Plan verläuft. Bei den meisten Tarifen beträgt der Regelsparbeitrag 3 bis 5 Promille der Bausparsumme. Wenn Sie zum Beispiel monatlich 300 Euro einzahlen können, beträgt die passende Bausparsumme bei einem Regelsparbeitrag von 4 Promille 75 000 Euro.

Auch mit Blick auf die spätere Rückzahlung des Darlehens sollte die Bausparsumme innerhalb vernünftiger Grenzen bleiben. Bauspardarlehen müssen nämlich viel schneller als ein Bankdarlehen zurückgezahlt werden, sodass Sie mit einer vergleichsweise hohen Monatsrate rechnen müssen. Häufig beträgt die Darlehensrate 6 Promille der Darlehenssumme. Das würde im obigen Beispiel bedeuten, dass Sie für einen Kredit über knapp 45 000 Euro eine Monatsrate von 450 Euro einkalkulieren müssen.

BANKSPAREN

Banksparpläne sind ein geeignetes und vor allem sicheres Instrument, um Kapital für den Immobilienerwerb aufzubauen. Beim Abschluss eines Sparplans sollten Sie darauf achten, dass Sie im Bedarfsfall kurzfristig auf das Guthaben zugreifen können, weil sich der Zeitpunkt des Kaufs niemals ganz exakt im Voraus festlegen lässt.

Gleiches gilt für die Einmalanlage von größeren Beträgen, wenn beispielsweise Geld aus einer Erbschaft bis zum Wohnungskauf anzulegen ist. Hier empfehlen sich als Alternative zu den starren Sparbriefen und Festgeldkonten Bankanlagen mit jährlich steigendem Zins, auf die Sie jederzeit mit dreimonatiger Kündigungsfrist zugreifen können.

Staatliche Förderung fürs Bausparen

Für Ihren Bausparvertrag können Sie auf unterschiedlichen Wegen staatliche Fördertöpfe anzapfen. Welche Förderung für Sie geeignet ist, hängt unter anderem vom Einkommen ab.

Auf drei verschiedenen Wegen können Einzahlungen in Bausparverträge vom Fiskus subventioniert werden. Dabei gilt als Grundregel, dass eine Einzahlung nur einmal und nicht mehrfach gefördert wird. So können Sie beispielsweise für Sparraten, die bereits im Rahmen der vermögenswirksamen Leistungen gefördert werden, keine Wohnungsbauprämie beantragen.

Arbeitnehmersparzulage: Wenn Sie einen Bausparvertrag im Rahmen der vermögenswirksamen Leistungen (VL) abschließen, erhalten Sie bis zu einer jährlichen Sparleistung von 470 Euro pro Sparer eine Arbeitnehmersparzulage von 9 Prozent – aber nur bis zu einem zu versteuernden Einkommen von jährlich 17 900 Euro bei Ledigen und 35 800 Euro bei Verheirateten. Dabei werden verschiedene Freibeträge und Abzüge berücksichtigt, sodass das Bruttoeinkommen deutlich höher ausfallen kann.

Wohnungsbauprämie: Außerhalb der VL-Förderung können Sie für jährliche Einzahlungen bis zu 512 Euro pro Sparer 8,8 Prozent Wohnungsbauprämie erhalten. Hier liegt die Einkommensgrenze bei 25 600 Euro pro Jahr für Ledige und 51 200 Euro für Verheiratete. Auch hier kann aufgrund von Freibeträgen und Abzügen das Bruttoeinkommen höher liegen. Die Prämie gibt es jedoch nur, wenn das Guthaben nachweislich für wohnwirtschaftliche Zwecke verwendet wird. Nur Sparer, die bei Vertragsabschluss unter 25 Jahre alt sind, erhalten die Prämie nach Ablauf einer Sperrfrist von sieben Jahren ohne Auflage.

Wohn-Riester: Im Rahmen der Riester-Förderung können Sie auch Zulagen und eventuelle Steuervorteile fürs Bausparen erhalten. Bei dieser Variante gelten dieselben Grund- und Kinderzulagen wie bei anderen Riester-Sparplänen (mehr dazu siehe S. 160).

DER PASSENDE KREDIT

Sie benötigen einen Kredit? Auch dann haben Sie die Wahl. Denn Kredit ist nicht gleich Kredit. Welcher für Sie passt, hängt davon ab, wofür Sie das Geld brauchen.

DISPOKREDIT

Der Dispokredit ist ein Kreditrahmen, der Ihnen auf dem Girokonto eingeräumt wird, wenn Sie ein regelmäßiges Einkommen haben. Sie können ihn flexibel in Anspruch nehmen. Bis zur Obergrenze des Disporahmens, meist zwei bis drei Nettogehälter, können Sie jederzeit Geld abheben und zurückzahlen – feste Rückzahlungsraten gibt es nicht.

Allerdings ist der Dispo mit hohen Zinsen verbunden. Und: Wenn Sie das Limit überschreiten, berechnen die meisten Banken zusätzliche Strafzinsen. Außerdem kann die Bank die Ausführung von Überweisungen, Lastschriften oder Daueraufträgen verweigern, wenn das Dispolimit überschritten ist:

▶ **Vorteile.** Der Dispokredit ist flexibel und kann ohne große Formalitäten schnell in Anspruch genommen werden. Geldeingänge auf dem Girokonto reduzieren den Schuldenstand sofort und senken die Zinskosten.

▶ **Nachteile.** Weil es keine verbindliche Monatsrate für die Rückzahlung gibt, kann der Dispokredit aus dem Ruder laufen, wenn Sie nicht konsequent Monat für Monat das Minus auf dem Konto reduzieren. Die hohen Zinsen machen den Dispokredit für längerfristige Finanzierungen unattraktiv. Dann sollten Sie andere Alternativen wählen.

RAHMENKREDIT

Der Rahmenkredit wird je nach Anbieter gerne auch als „Abrufkredit" bezeichnet und ist vor allem bei Direktbanken zu finden. Er funktioniert wie ein Dispokredit, allerdings gibt es hier nur einen Kreditrahmen ohne Girokonto. Das Geld erhalten Sie, indem Sie es von Ihrem Kreditkonto abrufen. Es wir dann Ihrem Girokonto gutgeschrieben, sodass Sie jederzeit darüber verfügen können. Tilgen können Sie mit einer einfachen Überweisung auf Ihr Rahmenkreditkonto.

▶ **Vorteile.** Rahmenkredite sind ebenso flexibel wie Dispokredite, kosten jedoch weitaus weniger an Zins. Wenn Sie den Dispokredit häufig nutzen, sollten Sie ihn durch einen Rahmenkredit ersetzen.

▶ **Nachteile.** Abruf und Tilgung sind mit etwas mehr Aufwand verbunden als beim Dispokredit. Wer Dispo- und Abrufkredit parallel einsetzt, kann schnell den Überblick verlieren.

RATENKREDIT

Bei Ratenkrediten zahlen Sie über die gesamte Laufzeit einen festen Zins und eine monatlich gleichbleibende Rate. Die meisten Banken bieten Laufzeiten zwischen einem Jahr und sieben Jahren an. Außerplanmäßige Sondertilgungen sind möglich, allerdings darf die Bank dann eine Gebühr von einem Prozent der Restschuld verlangen, bei Restlaufzeiten von weniger als zwölf Monaten ein halbes Prozent.

▶ **Vorteile.** Die gleichbleibende Rückzahlungsrate sorgt für Kalkulierbarkeit und hilft Ihnen dabei, diszipliniert von Ihren Schulden wieder herunterzukommen. Die Zinssätze sind vergleichsweise günstig und über die gesamte Laufzeit festgeschrieben.

▶ **Nachteile.** Zusätzliche Tilgungen können mit Gebühren verbunden sein. Bei vielen Banken müssen Sie eine Mindestsumme als Kredit aufnehmen.

▶ **Vorsicht.** Oftmals versuchen Banken, Ratenkredite in Verbindung mit einer sogenannten Restschuldversicherung zu verkaufen. Die Versicherungen sind jedoch lückenhaft und verteuern die Kosten für den Kredit ganz enorm.

9,78 %

kostet ein **Dispokredit** im Schnitt an Zinsen. Er ist flexibel, eignet sich aber wegen der hohen Zinsen nur, wenn Sie kurzfristig einen Engpass überbrücken müssen.

6 %

kostet etwa ein **Rahmen- oder Abrufkredit**. Er ist deutlich günstiger als der Dispokredit. Wenn Sie öfter kurzfristig Geld leihen müssen, sollten Sie einen solchen Kredit einrichten und dafür den Dispokredit schonen.

5 %

Zins kosten **Ratenkredite**, bei Sonderaktionen sogar weniger. Ideal sind Ratenkredite für die Finanzierung von größeren Anschaffungen. Es kann auch sinnvoll sein, ein chronisches Minus auf dem Girokonto auf einen Ratenkredit umzuschulden, um Zinskosten zu sparen.

5 REGELN FÜRS SCHULDENMACHEN

SCHÜTZEN SIE SICH VOR ÜBERSCHULDUNG und rechnen
Sie Ihre Kreditwünsche sorgfältig durch.

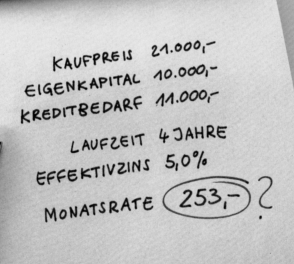

KAUFPREIS 21.000,-
EIGENKAPITAL 10.000,-
KREDITBEDARF 11.000,-

LAUFZEIT 4 JAHRE
EFFEKTIVZINS 5,0%

MONATSRATE (253,-) ?

Wenn Sie einen Kredit aufnehmen, sollten Sie besonders vorsichtig sein – denn schon viele haben den Überblick verloren und sind in die Überschuldung geraten. Daher sollten Sie einige Grundregeln beherzigen:

1 SCHULDEN NICHT MIT SCHULDEN FINANZIEREN

Achten Sie darauf, dass bei der Rückzahlung eines laufenden Kredits Ihr Girokonto nicht überzogen wird. Ansonsten würden Sie nämlich die Zinsen des Ratenkredits mit den noch teureren Zinsen für den Dispokredit bezahlen. Diese doppelte Zinsbelastung kann schnell in die Schuldenspirale führen.

2 KEINE SPONTANKÄUFE AUF PUMP

„Jetzt zu null Zinsen finanzieren!" – Mit solchen reißerischen Werbesprüchen setzen Händler darauf, dass ihre Kunden mehr kaufen, als sie sich eigentlich leisten können. Stottern Sie Ihren Einkauf einfach ab, wenn Sie noch nicht genug Geld angespart haben: Dieses Lockmittel funktioniert beim Elektronik-Discounter ebenso wie im Möbelhaus. Doch die Medaille hat auch eine Kehrseite, denn bei immer neuen Krediten verliert man allzu schnell den Überblick, auch wenn es sich um Nullzins-Kredite handelt. Legen Sie deshalb vor dem Kauf Ihr Budget fest und halten Sie sich daran, auch wenn Sie ein verlockendes Finanzierungsangebot anlacht.

3 EINKOMMENSRESERVE BEACHTEN

Bevor Sie einen Kredit aufnehmen, sollten Sie prüfen, welchen Anteil an Ihren monatlichen Nettoeinkünften Sie für die Rückzahlung entbehren können. Kalkulieren Sie die maximale Kreditrate dabei immer so, dass Ihre verfügbare Einkommensreserve nicht hundertprozentig ausgeschöpft wird. Lassen Sie also immer ein wenig Luft. Kommen dann ungeplante Ausgaben, weil beispielsweise die Waschmaschine ihren Geist aufgibt, rutschen Sie nicht noch tiefer in die roten Zahlen.

4 PASSENDE KREDITLAUFZEIT WÄHLEN

Bei Anschaffungskrediten gilt als eiserne Grundregel, dass der Kredit zurückgezahlt sein muss, bevor die Lebensdauer des damit finanzierten Gutes abgelaufen ist. Das heißt am konkreten Beispiel: Den Kredit für Ihre Thailandreise sollten Sie abgestottert haben, bevor Sie einen Kredit für einen teuren Skiurlaub in Erwägung ziehen.

5 JEDE TILGUNGSGELEGENHEIT NUTZEN

Wenn Sie Sonderzahlungen erhalten oder mal weniger Geld als ursprünglich geplant ausgegeben haben, sollten Sie frei werdende Geldmittel sofort in die Schuldentilgung investieren. Dispo- und Abrufkredite können Sie flexibel tilgen, und bei Ratenkrediten sind zusätzliche Tilgungen kostenlos oder mit geringen Gebühren möglich.

HOHE RESTSCHULD?

NIEDRIGE MONATSRATEN sind verlockend – doch wenn am Ende eine Restschuld bleibt, kommen Sie kaum aus den Schulden heraus.

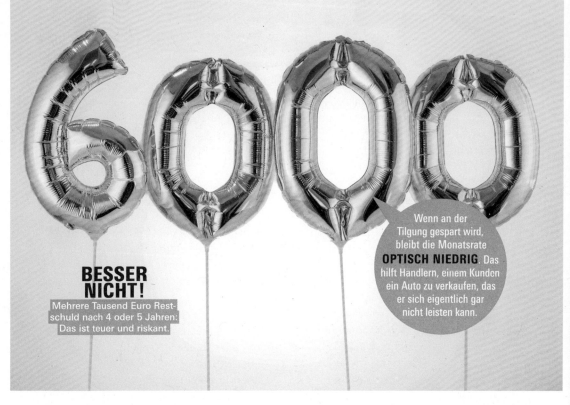

BESSER NICHT!
Mehrere Tausend Euro Restschuld nach 4 oder 5 Jahren: Das ist teuer und riskant.

Wenn an der Tilgung gespart wird, bleibt die Monatsrate **OPTISCH NIEDRIG**. Das hilft Händlern, einem Kunden ein Auto zu verkaufen, das er sich eigentlich gar nicht leisten kann.

GEFANGEN IM KREDIT: Meiden Sie beim Autokauf Finanzierungsmodelle, bei denen am Ende der Finanzierungsphase eine Restschuld stehenbleibt. Dann nämlich müssten Sie Ihr Auto verkaufen oder an den Händler zurückgeben, um den Kredit zu tilgen. Ihnen fehlt dann das Eigenkapital für den Kauf des nächsten Fahrzeugs, sodass Sie gleich wieder einen neuen Kredit aufnehmen müssen.

WEG DAMIT!

KLASSISCHE RATENKREDITE, die je nach Alter des Autos nach drei bis fünf Jahren komplett abgezahlt sind, bergen weniger Risiko.

Gas geben beim Tilgen: Mit dieser **STRATEGIE** fällt dar Wagen vielleicht eine Nummer kleiner aus, aber Sie sind Ihre Schulden viel schneller los.

ZÜGIG RUNTER VON DEN SCHULDEN: Wenn Sie ein Auto finanzieren, sollten Sie die Schulden möglichst schnell zurückzahlen. So sparen Sie trotz höherer Monatsrate Zinskosten, weil die Schulden schnell abnehmen. Darüber hinaus bilden Sie Eigenkapital für den Kauf des nächsten Autos, sodass Sie irgendwann den Autokauf vollständig mit eigenem Geld finanzieren können.

WIE FINANZIERE ICH MEIN AUTO AM GÜNSTIGSTEN?

Wer ein neues Auto kauft, nimmt sich meist viel Zeit für Auswahl, Probefahrten und Preisverhandlung. Und bei der Finanzierung? Holen Sie mehrere Offerten ein: Infrage kommen in erster Linie die Bank des Autohändlers, Ihre eigene Hausbank, Direktbanken sowie Finanzierungsinstitute, die sich auf Ratenkredite spezialisiert haben. Hier sollten Sie nicht das erstbeste Angebot unterschreiben, sondern genauso sorgfältig und kritisch auswählen. Achten Sie darauf, dass das Angebot des Händlers Fahrzeugpreis, Sonderausstattung, Überführungskosten und Mehrwertsteuer enthält. Kalkulieren Sie vorher, wie viel das Auto inklusive der monatlichen laufenden Ausgaben kosten darf. Machen Sie am besten eine einfache Einnahmen-Ausgaben-Rechnung.

WELCHER KREDIT SOLL ES SEIN?

Wenn Sie ein Auto per Kredit kaufen, muss das nicht am fehlenden Geld liegen. Sofern die Kreditzinsen sehr niedrig sind, kann eine Ratenzahlung manchmal genauso günstig wie eine Barzahlung sein. Der Kredit muss aber zu Ihnen passen.

Bei der Drei-Wege-Finanzierung zahlen Sie einen Teil der Kaufsumme an und begleichen ein paar Jahre lang eine relativ niedrige Monatsrate. Danach müssen Sie sich entscheiden, ob Sie die noch offene Kreditsumme mit einem Schlag bezahlen oder den Wagen weiter finanzieren. Sie müssen also entweder die Restsumme bis zu diesem Zeitpunkt angespart haben oder zu möglicherweise höheren Zinsen weiter finanzieren. Sie können das Auto aber auch zu einem zuvor festgelegten Restwert an den Händler zurückgeben.

Ein Argument für Leasing sind die im Vergleich zur Kreditfinanzierung deutlich niedrigeren Monatsraten. Mit diesen Raten zahlen Sie aber lediglich die Miete und den Wertverlust während der Vertragslaufzeit. Es kann sein, dass die Rückgabe des geleasten Autos problematisch ist. Händler verlangen Nachzahlungen, wenn Sie beispielsweise mehr Kilometer gefahren sind als vereinbart oder weil der Wagen angeblich nicht in einem vertragsgemäßen Zustand ist – auch wenn kleine Lackkratzer oder Gebrauchsspuren an den Polstern normaler Verschleiß sind.

NULL PROZENT, NULL SPIELRAUM

Als verkaufsfördernde Maßnahme bieten Hersteller zuweilen Nullzins-Kredite an – allerdings nur beim Kauf bestimmter Neuwagenmodelle. Die Falle dabei: Wer einen Aktionskredit in Anspruch nimmt, bekommt meist weniger Zugeständnisse beim Preis oder bei der Extra-Ausstattung. Grund ist, dass sich der Händler an der Zinssubventionierung finanziell beteiligen muss und damit weniger Spielraum für Preisnachlässe hat.

RATENKREDIT: DAS ENDE IN SICHT

Wenn Sie sicher wissen wollen, dass und wann das Auto einmal Ihnen gehört, nehmen Sie den klassischen Ratenkredit. Oft ist die Herstellerbank günstig, aber auch herstellerunabhängige Banken bieten sehr gute Konditionen für Autokredite. Auf unserer Homepage können Sie unter test.de/thema/autokauf Angebote, die Sie eingeholt haben, vergleichen. Beim Beurteilen gelten dieselben Grundregeln wie bei normalen Ratenkrediten, sodass Sie die Tipps auf S. 137 auch hier beherzigen können.

Bei der Frage, wie viel Autoschulden Sie sich leisten können, spielt auch das Alter des Fahrzeugs eine wichtige Rolle. Je älter das Auto, umso kürzer sollte die Laufzeit des Kredits sein. Beispiel: Während Sie einen Neuwagen auf vier oder fünf Jahre finanzieren können, sollten es bei einem vier Jahre alten Gebrauchtwagen nur zwei bis maximal drei Jahre sein.

10 000 €

Nehmen wir an, dass Sie diese Summe als **Kredit** für Ihr Auto benötigen und dafür 5 Prozent Effektivzins zahlen. Dann sieht die Rechnung so aus:

6 000 €

Restschuld bleiben nach vier Jahren bei einer **Drei-Wege-Finanzierung**, wenn Sie im Monat gut 116 Euro tilgen. Sie bezahlen 1 585 Euro Zinsen.

0 €

Restschuld bleiben bei gleicher Laufzeit mit einem **klassischen Ratenkredit**. Die Monatsrate beträgt fast 230 Euro, dafür zahlen Sie mit 1 030 Euro deutlich weniger Zinsen.

555 €

sparen Sie also unterm Strich mit dem Ratenkredit an Zinsen und Sie sind schuldenfrei.

Mit Hilfe vom Staat vorsorgen

Auch wenn Riester & Co. in den Medien oftmals kritisiert werden, ist für viele Verbraucher das Vorsorgesparen mit staatlicher Förderung eine sinnvolle Ergänzung zur gesetzlichen Altersvorsorge. Voraussetzung ist jedoch, dass die Produkte zum persönlichen Bedarf passen und bei der Auswahl Nebenkosten und Transparenz kritisch geprüft werden.

ENDSPURT?

BLEIBT NUR WENIG ZEIT bis zum Rentenbeginn, lässt sich die Vorsorgelücke nur mit hohen Monatsraten füllen.

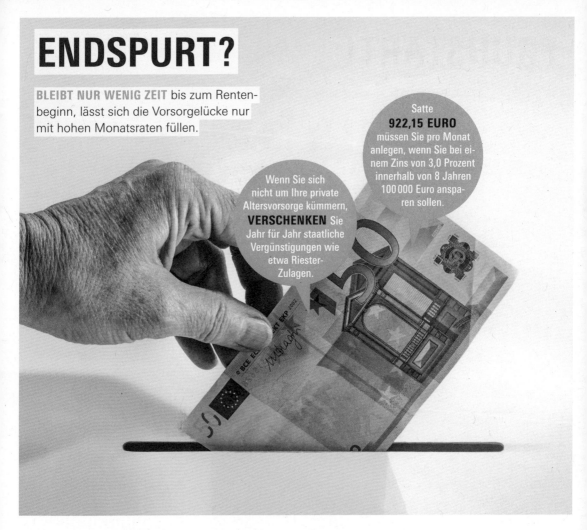

Satte **922,15 EURO** müssen Sie pro Monat anlegen, wenn Sie bei einem Zins von 3,0 Prozent innerhalb von 8 Jahren 100 000 Euro ansparen sollen.

Wenn Sie sich nicht um Ihre private Altersvorsorge kümmern, **VERSCHENKEN** Sie Jahr für Jahr staatliche Vergünstigungen wie etwa Riester-Zulagen.

ZU KURZ GEDACHT? Geht es um die private Altersvorsorge, kann kurzfristiges Denken handfeste Probleme verursachen. Je nachdem, wie viel und wie lange Sie in die gesetzliche Rentenversicherung eingezahlt haben, kann die Rente später einmal ganz schön mager ausfallen. Um die finanzielle Lücke aufzufüllen, brauchen Sie ein entsprechendes Kapital, das Sie im Alter anlegen können.

FRÜHSTART!

JE EHER SIE BEGINNEN, Geld fürs Rentenalter zurückzulegen, umso niedriger sind die Beträge, die Sie regelmäßig sparen sollten.

Nur noch **135,62 EURO** müssen Sie pro Monat anlegen, wenn Sie bei 3,0 Prozent Zins 35 Jahre Zeit haben, um 100 000 Euro anzusparen.

Beim Riester-Sparen brauchen Sie dank der **ZULAGEN** häufig nur wenig eigenes Geld zu investieren, um sich ein finanzielles Polster für später zu schaffen.

VON LANGER HAND GEPLANT – das ist die beste Strategie für die private Altersvorsorge. Auch wenn Sie noch nicht wissen, wie hoch Ihr Bedarf in 30 oder 35 Jahren sein wird, sollten Sie früh Geld für später auf die Seite legen. So schaffen Sie einen Grundstock – und wenn Sie geförderte Anlageformen wie das Riester-Sparen nutzen, erhalten Sie Jahr für Jahr staatliche Vergünstigungen.

WIE SORGE ICH AM BESTEN FÜRS ALTER VOR?

Erst einmal sollten Sie prüfen, ob geförderte Sparformen für Sie infrage kommen. Denn um die Bürger zum Bilden von Vorsorgekapital zu motivieren, hat die Regierung Förderprogramme entwickelt, die für Sie attraktiv sein können. Am bekanntesten dürfte das Riester-Sparen sein, doch auch für andere Sparformen wie die vermögenswirksamen Leistungen (VL), die betriebliche Altersvorsorge oder die Rürup-Rente kann es Vergünstigungen in Form von Zuschüssen oder Steuererleichterungen geben.

RIESTER-RENTE
Das Riester-Sparen ist für alle möglich, die in der gesetzlichen Rentenversicherung pflichtversichert sind. Das sind in erster Linie Arbeitnehmer, aber auch manche Selbstständige wie etwa die in der Künstlersozialkasse versicherten freiberuflichen Kreativen. Auch Beamte können riestern. Ehepartner von Riester-Sparern sind „mittelbar" über ihren Partner förderberechtigt.

Riester-Verträge werden von Finanzdienstleistern wie Banken, Bausparkassen, Versicherungen oder Investmentgesellschaften angeboten. Für Sparer gibt es eine

Grundzulage und Kinderzulagen, die direkt auf das Anlagekonto gutgeschrieben werden. Unter Umständen kommen dazu noch steuerliche Vergünstigungen, weil Sie die Einzahlungen im Rahmen der Sonderausgaben steuerlich geltend machen können. Vorteile des Riesterns sind neben den Zulagen die Sicherheit und die Vielfalt der Anlageprodukte sowie die flexible Handhabung. Sogar für die Finanzierung des Eigenheims kann es Riester-Förderung geben. Nachteilig ist, dass die Erträge im Rentenalter in voller Höhe besteuert werden. Außerdem müssen Sie die bereits erhaltenen Zulagen zurückzahlen, wenn Sie einen Riester-Vertrag vorzeitig auflösen.

Auch wenn die Riester-Rente oft gescholten wird, ist sie vor allem auch für Sparer mit Kindern und für Geringverdiener nach wie vor die beste Wahl, wenn es um die Ergänzung der Altersvorsorge geht. Wie es genau funktioniert und worauf Sie achten sollten, lesen Sie auf S. 152 bis 163.

Sparer, die im Alter nicht auf eine garantierte lebenslange Zusatzrente angewiesen sind, weil sie zum Beispiel geerbt haben oder über eine Betriebsrente bereits gut abgesichert sind, schauen sich besser nach renditestärkeren Anlagen um. Für sie ist beispielsweise das Pantoffel-Portfolio eine gute Option (siehe ab S. 189).

BETRIEBLICHE ALTERSVORSORGE

Die betriebliche Altersvorsorge (bAV) gibt es in zwei Hauptformen: Bei der unternehmensfinanzierten Vorsorge überneimmt Ihr Arbeitgeber die Beiträge für Ihre spätere Betriebsrente, bei der Gehaltsumwandlung mussten Arbeitnehmer bislang die Beiträge aus eigener Tasche zahlen. Seit 2018 muss der Arbeitgeber bei Neuverträgen schrittweise Zuschüsse leisten. Ab 2022 muss er auch bei alten Verträgen verpflichtend etwas dazugeben.

Anspruch auf eine spätere Rentenzahlung haben Sie erst dann, wenn Sie eine bestimmte Zeit im Betrieb gearbeitet haben. Anders bei der Gehaltsumwandlung: Hier bestimmen Sie selbst, in welchem Umfang Teile Ihres Gehalts in einen Vorsorgesparplan fließen sollen. Häufig handelt es sich dabei um eine private Rentenversicherung oder um einen Sparplan bei einer Pensionskasse. Welcher Anbieter zum Zug kommt, entscheidet Ihr Arbeitgeber.

Vorteil ist, dass innerhalb bestimmter Grenzen die Einzahlungen steuerfrei sind und nicht mit Sozialabgaben belegt werden. Wenn Sie also monatlich 50 Euro in die betriebliche Altersvorsorge einzahlen, kann es sein, dass sich Ihr Nettolohn nur um 30 Euro reduziert. Obergrenze für die steuerlich begünstigte Gehaltsumwandlung sind jährlich 4 Prozent der Beitragsbemessungsgrenze in der gesetzlichen Rentenversicherung (West). Für das Jahr 2018 beträgt die maximal mögliche Summe somit 3 120 Euro pro Jahr. Weitere 1800 Euro pro Jahr können im Rahmen der betrieblichen Altersvorsorge steuerfrei, aber sozialversicherungspflichtig umgewandelt werden.

Nachteile gibt es jedoch auch – und zwar zunächst bei einem Jobwechsel. Die Vertriebskosten legt der Anbieter auf die ersten Jahre um, sodass sich in den ersten fünf Jahren kaum Guthaben ansammelt. Da der neue Arbeitgeber nicht verpflichtet ist, den bisherigen Vertrag zu übernehmen, kann es bei jedem Jobwechsel dazu kommen, dass der alte Vertrag stillgelegt und ein neuer abgeschlossen wird. Passiert das ein paar Mal, bleibt vom eingezahlten Geld kaum etwas übrig. Da die Beiträge für die Betriebsrente von Ihrem Gehalt abgehen, zahlen Sie weniger in die gesetzliche Rente ein – was diese schmälert.

Ein weiterer Nachteil: Im Rentenalter werden auf Betriebsrenten nach derzeitiger Rechtslage nicht nur Steuern, sondern auch volle Krankenkassenbeiträge fällig, sofern Sie im Alter nicht privat krankenversichert sind. Das schmälert die Auszahlung ganz erheblich. Daher ist für Arbeitnehmer die Riester-Rente meist die flexiblere und im Rentenalter kostengünstigere Alternative.

Welches geförderte Produkt für wen?

Staatliche Zulagen helfen, die Altersvorsorge auf eine sichere Basis zu stellen. Aber nicht jede Anlageform ist für jeden geeignet. Hier ein kurzer Überblick über die verschiedenen Möglichkeiten.

	Vorteile	Nachteile	Für wen interessant?
Riester-Rente	Vergleichsweise flexibel, vielfältige Produktvarianten, staatliche Zulage	Sie wird im Rentenalter besteuert; wer den Vertrag vorzeitig auflöst, verliert die Zulagen	Für Arbeitnehmer, Beamte und Selbstständige, die in der gesetzlichen Rentenversicherung pflichtversichert sind, vor allem wenn sie Kinder haben und nicht schon anderweitig gut abgesichert sind
Betriebliche Altersvorsorge	In der Ansparphase spart man Steuern und Sozialabgaben	Bei einem Jobwechsel drohen Renditeeinbußen; der Arbeitgeber bestimmt den Anbieter; hohe Belastung im Rentenalter	Für Arbeitnehmer, wenn der Chef ihnen die Betriebsrente spendiert oder einen großen Teil dazugibt
Rürup-Rente	Offen für alle	Meist starre Sparpläne; kann nur als Rente ausbezahlt werden	Für Selbstständige, die nicht in die gesetzliche Rente einzahlen
Vermögenswirksame Leistungen	Einfacher Aufbau	Einkommensgrenzen für die Förderung, niedrige Sparraten	Für alle Arbeitnehmer, wenn sie einen Zuschuss vom Chef oder die Arbeitnehmersparzulage erhalten

RÜRUP-RENTE

Die Rürup-Rente, die im offiziellen Sprachgebrauch auch als „Basisrente" bezeichnet wird, kann im Gegensatz zu Riester-Rente und betrieblicher Altersvorsorge jeder nutzen – also auch Selbstständige, die nicht in den Genuss von Riester-Zulagen kommen können, weil sie nicht selbst förderberechtigt und auch nicht mit einem Riester-Sparer verheiratet sind.

Gefördert werden die Einzahlungen nicht in Form von Zulagen, sondern über

Steuervorteile: Ihre Einzahlungen werden teilweise vom zu versteuernden Einkommen abgezogen.

Die meisten Angebote für die Rürup-Rente kommen von Versicherern. Dabei kann es sich entweder um eine klassische Versicherung oder um eine fondsgebundene handeln. Der Unterschied: Bei der klassischen Variante gibt es eine garantierte Mindestverzinsung, während bei der fondsgebundenen das Geld in Wertpapieren angelegt wird. Das führt zwar zu höheren Renditechancen, aber auch zu deutlich höheren Verlustrisiken.

Strenge Regeln gelten bei der Auszahlung: Das Guthaben einer Rürup-Rente darf nur in eine lebenslange Rentenzahlung umgewandelt werden, eine Auszahlung des Kapitals oder eines Teils davon ist nicht erlaubt.

Im Vergleich zum Riester-Sparen ist die Rürup-Rente eher starr. Vor allem für Familien mit Kindern ist die Förderung beim Riestern höher, die Verträge lassen sich im Gegensatz zur Rürup-Rente deutlich flexibler besparen, und das Riester-Kapital kann man sich bei Renteneintritt zumindest teilweise auszahlen lassen. Damit bleibt die Rürup-Rente nur eine Alternative für Selbstständige, die nicht auf freiwilliger Basis Beiträge in die gesetzliche Rentenversicherung einzahlen wollen. Für Besserverdienende lohnt sie sich mehr als für Durchschnitts- und Geringverdiener.

VERMÖGENSWIRKSAME LEISTUNGEN (VL)

Streng genommen zählen die vermögenswirksamen Leistungen (VL) nicht zur Altersvorsorge, denn nach Ablauf der siebenjährigen Anlagedauer können Sie das angesparte Guthaben frei verwenden. Mit der Arbeitnehmersparzulage fördert der Staat somit die allgemeine Vermögensbildung und nicht speziell die finanzielle Vorsorge fürs Rentenalter. Dennoch können Sie das VL-Sparen nutzen, um mit kleinen Beträgen langfristig Vermögen aufzubauen und – soweit Ihr Einkommen innerhalb bestimmter Grenzen liegt – von staatlichen Zulagen zu profitieren. Vor allem das VL-Sparen mit Aktienfonds ist dafür sehr gut geeignet.

Vorteilhaft ist, dass Sie das Guthaben nach der siebenjährigen Mindestspardauer flexibel verwenden können. Außerdem zahlen viele Arbeitgeber im Rahmen eines Tarifvertrags oder einer Betriebsvereinbarung noch einen Zuschuss obendrauf.

Nachteilig beim VL-Sparen sind die recht engen Einkommensgrenzen für den Anspruch auf Arbeitnehmersparzulage sowie die niedrigen Beträge, die in diesem Rahmen angelegt werden können. Das sollte Sie jedoch nicht daran hindern, einen solchen Sparvertrag abzuschließen, wenn Sie entweder Anspruch auf die staatliche Zulage haben oder Ihr Chef einen Anteil an der Sparrate übernimmt. Wie das VL-Sparen funktioniert, erfahren Sie auf S. 164 bis 169.

HALBSPARER?

Halbe Sparrate –
HALBE ZULAGE:
Riester-Zulagen sind keine Festbeträge. Sie hängen davon ab, wie hoch die Sparrate im Verhältnis zum Vorjahreseinkommen ist.

GEKÜRZT: Wenn Ihre Sparraten beim Riestern zu niedrig sind, haben Sie keinen Anspruch auf die komplette Riester-Zulage – denn nur wer mindestens 4 Prozent seines Vorjahreseinkommens einzahlt, bekommt die Zulagen ohne Kürzung gutgeschrieben. Zahlen Sie beispielsweise nur 2 Prozent ein, erhalten Sie auch nur die Hälfte der Grund- und Kinderzulage.

VOLLSPARER!

NUR WER DEN MAXIMALBETRAG spart, bekommt die maximale Riester-Zulage gutgeschrieben.

Lieber die vollen Zulagen mitnehmen: Wenn die Sparrate plus Zulagen **4 PROZENT** Ihres Vorjahreseinkommens ergibt, sichern Sie sich die höchstmögliche Förderung.

ACHTUNG!

Bei Gutverdienern gilt: Gefördert werden jährliche Einzahlungen inklusive Zulagen bis maximal 2100 Euro.

UNGESCHMÄLERT: Achten Sie darauf, dass Sie beim Riestern immer die optimale Einzahlung wählen. Es sollte auch nicht zu viel sein, weil Sparraten nicht mehr gefördert werden, wenn sie 4 Prozent Ihres Einkommens überschreiten. Maßstab ist dabei das sozialversicherungspflichtige Einkommen des Vorjahres. Sozialversicherungsfreie Einkünfte bleiben unberücksichtigt.

RIESTER-ZULAGEN: DAS GIBT ES OBENDRAUF

Was macht das Riestern interessant? Ganz klar: die Förderung, mit der sich der Staat beteiligt. Ohne diese Subvention wären die Riester-Anlageprodukte nicht lukrativer als andere Anlageformen. Anspruch auf Riester-Förderung haben Sie immer dann, wenn Sie in der gesetzlichen Rentenversicherung Pflichtmitglied sind – also in erster Linie als Arbeitnehmer. Aber auch andere können Riester-Verträge abschließen und von der Förderung profitieren. Dazu zählen beispielsweise Selbstständige, die in der gesetzlichen Rentenversicherung pflichtversichert sind, Beamte, rentenversicherte Minijobber, Empfänger von Kranken- oder Arbeitslosengeld, vollständig Erwerbsunfähige sowie nicht Erwerbstätige während der Kindererziehungszeit oder der Pflege von Angehörigen. Darüber hinaus haben Ehepartner von Riester-Sparern einen „mittelbaren" Anspruch.

DIE ZULAGEN

Jeder Riester-Sparer erhält auf seine jährlichen Sparleistungen eine Grundzulage von 175 Euro. Dazu können noch Kinderzulagen kommen. Dabei gilt folgende Regelung:

Zulage gibt es nur für die Kinder, für die mindestens einen Monat lang im jeweiligen Kalenderjahr Kindergeld gezahlt worden ist. Die Zulage wird dem Elternteil gezahlt, der das Kindergeld bekommt. Bei Verheirateten ist das im Regelfall die Mutter. Soll der Vater die Zulage erhalten, muss ein entsprechender Antrag gestellt werden. Für Kinder, die ab 2008 geboren worden sind, gibt es 300 Euro pro Jahr. Für ältere Kinder zahlt der Staat jährlich 185 Euro.

WIE VIEL MUSS ICH EINZAHLEN?

In voller Höhe erhalten Sie die Zulagen nur, wenn Sie jährlich 4 Prozent Ihres Vorjahreseinkommens in den Riester-Vertrag einzahlen. Dabei zählen nur die Einkünfte, für die Beiträge der Rentenversicherung anfallen – also beispielsweise keine Mieteinnahmen oder Kapitaleinkünfte. Das heißt im konkreten Beispiel: Bei einem Vorjahreseinkommen von 40 000 Euro müssen Sie inklusive der Zulagen 1 600 Euro in Ihren Riester-Vertrag investieren. Haben Sie Anspruch auf die Grundzulage von 175 Euro und eine Kinderzulage von 300 Euro, bleiben als Eigenbetrag 1 125 Euro übrig. Zahlen Sie weniger ein, werden die Zulagen im gleichen Verhältnis gekürzt.

Die 4-Prozent-Regelung gilt bis zu einem Jahreseinkommen von 52 500 Euro. Ab dann erhalten Sie die volle Zulage, wenn Sie jeweils im Folgejahr 2 100 Euro – auch wieder inklusive der Zulagen – in Ihren Vertrag einzahlen.

Bei niedrigem Einkommen kann es passieren, dass die Summe der Zulagen höher ist als der Mindestbetrag. Leider ist es dann nicht so, dass der Staat Ihre Sparleistung vollständig übernimmt und Sie selbst gar nichts einzahlen müssen. Denn: Nur wenn Sie pro Jahr mindestens 60 Euro aus eigener Tasche beisteuern, haben Sie Anspruch auf Ihre Zulagen.

EXTRAGELD ÜBER DIE SONDERAUSGABEN

Vorsicht, Beamtendeutsch: Jetzt geht es um die „Günstigerprüfung". Sie können Ihre Riester-Sparraten auch als Sonderausgaben steuerlich geltend machen. In manchen Situationen, etwa wenn Riester-Sparer keinen Anspruch auf Kinderzulage haben und ihr Einkommen relativ hoch ist, kann sich das lohnen. Das klingt kompliziert, aber Sie brauchen glücklicherweise nicht selbst nachzurechnen, ob Sie davon profitieren. Sie müssen nur in Ihrer Einkommensteuererklärung in der Anlage AV Ihre Riester-Beiträge aufführen. Dann prüft das Finanzamt automatisch, ob Sie noch eine Steuerrückerstattung erhalten.

950 €
im Jahr können beispielsweise Eltern **mit zwei kleinen Kindern** allein an Zulagen bekommen.

175 €
Grundzulage gibt es pro Riester-Sparer maximal im Jahr, für beide Elterteile zusammen also 350 Euro.

300 €
Zulage können im Jahr pro Kind dazukommen, wenn es **2008 oder später** geboren ist. 185 € im Jahr wären es für ein Kind, das **vor 2008** geboren ist.

200 €
gibt es zusätzlich als einmaligen **Bonus für junge Leute**, die noch keine 25 Jahre alt sind.

RIESTER-PRODUKTE: WAS FÜR WEN?

Riester-Verträge müssen einige Voraussetzungen erfüllen. Die beiden wichtigsten:

▶ Nach der Ansparphase muss die Umwandlung in eine lebenslange Rente möglich sein, und

▶ zum Rentenbeginn muss der Anbieter zumindest den Erhalt des eingezahlten Kapitals inklusive Zulagen garantieren.

Es gibt sie in verschiedenen Varianten: Riester-Rentenversicherungen sind bei Finanzverkäufern besonders beliebt, weil sie hohe Provisionen bringen. Das belastet aber vor allem bei kürzeren Laufzeiten die Rendite. Zusätzlich zum Kapitalerhalt bieten die Versicherer einen Mindestzins von 0,9 Prozent, allerdings nur auf den tatsächlich angelegten Anteil nach Abzug der Kosten.

Während Versicherungen das Geld ihrer Sparer mit geringem Risiko anlegen, agieren Fonds mutiger. Hier ist ein höherer Anteil an Aktien enthalten, sodass während der Sparphase Wertschwankungen auftreten können. Auf lange Sicht bieten jedoch Riester-Fondssparpläne die besseren Renditechancen. Und immerhin ist der Erhalt des eingezahlten Geldes garantiert.

Riester-Banksparpläne sind einfach aufgebaut und kostengünstig, allerdings bringen sie derzeit nur Mini-Zinsen. Die Zahl der Anbieter ist stark geschrumpft, es gibt nur noch wenige regionale und kaum bundesweite Offerten.

Wenn Sie einen Riester-Bausparvertrag abschließen, legen Sie nicht nur Geld an, sondern sichern sich das Recht auf einen späteren zinsgünstigen Kredit. Das geförderte Guthaben dürfen Sie nur für den Bau, den Kauf, den altersgerechten Umbau oder die Entschuldung einer selbst genutzten Immobilie verwenden.

Kann man mit Schulden riestern? Ja – denn für die Darlehenstilgung gibt es auch Riester-Förderung. Voraussetzung ist, dass Sie eine selbst genutzte Immobilie mit einem zertifizierten Riester-Darlehen finanzieren oder entschulden. Wenn Sie das Eigenheim aber verkaufen und nicht innerhalb von fünf Jahren eine andere selbst genutzte Immobilie erwerben, müssen Sie alle geförderten Beträge auf einen Schlag nachversteuern – es sei denn, Sie zahlen diese in einen anderen Riester-Sparvertrag oder eine Riester-Rentenversicherung ein.

Welches Riester-Produkt wählen?

Je nach Risikoneigung, Lebensplanung und Alter zu Beginn des Sparens können verschiedene Riester-Produkte infrage kommen.

	Vorteile	Nachteile	Für wen geeignet?
Riester-Rentenversicherung	Zumindest minimaler Garantiezins	Hohe Abschlusskosten belasten die Rendite, vor allem bei kürzeren Laufzeiten oder der Stilllegung nach wenigen Jahren	Für vorsichtige Anleger, die sicher sind, dass sie die Raten über einen langen Zeitraum durchhalten
Riester-Fondssparplan	Bei langfristigem Sparen bieten Fonds bessere Renditechancen als andere Riester-Verträge	Eine Mindestverzinsung gibt es nicht; eventuell große Verluste bei vorzeitiger Kündigung	Für Sparer bis 40 Jahre, aber auch für ältere, die keine Angst vor dem Auf und Ab der Aktienmärkte haben
Riester-Banksparplan	Die Kosten sind niedrig und das Produkt ist einfach zu verstehen	Derzeit minimale Zinsen, kaum noch überregionale Angebote	Sparer, die beim Einstieg älter als 40 Jahre sind oder sich flexible Wechseloptionen offenhalten wollen, etwa weil sie eventuell ein Eigenheim möchten
Riester-Bausparvertrag	Sie sichern sich heute fest vereinbarte Kreditzinsen und erhalten Riester-Förderung für das Eigenheim	Die Sparzinsen sind meist noch kleiner als Abschluss- und laufende Vertragsgebühren	Riester-Sparer, die auf jeden Fall in den nächsten 5 bis 10 Jahren in eine eigene Immobilie einziehen wollen
Riester-Baudarlehen	Mit staatlichen Zulagen werden Sie schneller schuldenfrei	Wenn Sie die Immobilie nicht mehr selbst nutzen oder verkaufen, ohne dass Sie danach ein selbst genutztes Eigenheim erwerben, müssen Sie die Zulagen wieder zurückzahlen	Bauherren und Käufer selbst genutzter Immobilien sowie Eigenheimbesitzer, die eine laufende Finanzierung umschulden wollen

ÜBERRASCHEN LASSEN?

RIESTER-FONDSPOLICEN sind Fonds im Versicherungsmantel. Machen Sie um diese Produkte besser einen großen Bogen.

Die Versicherungshülle nützt nur dem Finanzdienstleister. Auf diese Weise kann er **VERSCHLEIERN**, dass er auf mehreren Ebenen Gebühren kassiert.

Nachteil für Anleger: Riester-Fondspolicen sind **INTRANSPARENT**. Die Renditechancen lassen sich nur schwer einschätzen.

UNDURCHSICHTIG: Wenn Fonds in den Mantel einer kapitalbildenden Versicherung gepackt werden, entstehen doppelte Kosten, deren Höhe kaum zu ermitteln ist. Zu den Fondsgebühren kommen die Verwaltungs- und Vertriebskosten der Versicherung. Die hohen Kosten machen Fondspolicen unattraktiv. Sie lohnen sich allenfalls für Anleger, die sich mit Fonds bestens aus-

WISSEN, WAS DRIN IST!

RIESTER-FONDS IN REINKULTUR sind die kostengünstigere und transparentere Alternative.

Bei reinen Riester-Fonds ist **KLAR ERSICHTLICH**, welcher Betrag nach Abzug von Ausgabeaufschlag und Verwaltungsgebühren tatsächlich angelegt wird.

MIT OFFENEN KARTEN: Riester-Fondssparpläne sind im Vergleich zu Fondspolicen weitaus transparenter, weil Sie nur auf einer Ebene – nämlich bei Ausgabeaufschlag und Fondsverwaltung – die Gebühren mit Konkurrenzprodukten vergleichen müssen. Fragen Sie also immer nach, was Berater Ihnen verkaufen möchten, und achten Sie darauf, dass Sie keine Fondspolice erwischen.

RICHTIG RIESTERN: IN 4 SCHRITTEN ZUM ZIEL

Um aus Ihrem Riester-Sparplan das Maximum herauszuholen, sollten Sie einige Grundregeln beachten. Denn Riester ist nicht gleich Riester: Je nach Alter oder Lebenssituation kann für Sie die eine oder die andere Produktvariante sinnvoller sein. Und auch innerhalb einer Produktvariante hat nicht jedes Produkt die gleichen Renditechancen. Daher sollten Sie den Vertragsabschluss nicht dem Zufall überlassen, sondern planvoll vorgehen.

1 EIGENHEIMFRAGE BEANTWORTEN. Für viele Bundesbürger ist das selbst genutzte Eigenheim ein wichtiger Baustein in der privaten Altersvorsorge. Sind die eigenen vier Wände bis zum Renteneintritt schuldenfrei, haben Eigentümer im Vergleich zu Mietern weitaus geringere laufende Kosten pro Monat – immerhin wohnen sie mietfrei in den eigenen vier Wänden. Ein Eigenheimbesitzer kann daher im Rentenalter mit einer niedrigeren Rente klarkommen als derjenige, der von der Rente noch die Miete abzwacken muss.

Diese Überlegung sollten Sie mit einbeziehen, wenn Sie Ihre Riester-Strategie festlegen. Wenn Sie bereits ein Eigenheim besitzen oder schon den Erwerb der eigenen vier Wände planen, ist es sinnvoll, die Wohn-Riester-Förderung zu nutzen und einen Riester-Bausparvertrag oder ein Riester-Wohndarlehen abzuschließen. Auf diese Weise können Sie Eigenkapital bilden und in der Finanzierungsphase den Schuldenabbau beschleunigen. Das hilft dabei, das wichtige Ziel – die Schuldenfreiheit spätestens zum Rentenbeginn – verlässlich zu erreichen. Zwar müssen Sie dann im Rentenalter einen Teil Ihres Wohnwertes als Einkommen versteuern. Doch in aller Regel überwiegen die Vorteile des mietfreien Wohnens die Nachteile, die aus der zusätzlichen Einkommensteuer resultieren.

2 PASSENDES PRODUKT WÄHLEN. Wenn Wohn-Riester für Sie nicht infrage kommt, sollten Sie überlegen, wie viel Zeit Ihnen bleibt, bis Sie voraussichtlich in Rente gehen. Das ist für die Auswahl der Produkte wichtig. Je länger die Spardauer, umso sinnvoller ist es, einen angemessenen Anteil an Aktien in Ihren Riester-Sparplan einzubauen. Bleiben hingegen nur noch weniger als zehn Jahre für den Aufbau von Riester-Kapital, sollten Sie eine sichere Sparform wählen, die mit möglichst geringen Nebenkosten verbunden ist. Denn gerade bei kürzerer Spardauer wirken sich die Kosten von Kapitalanlagen besonders negativ auf die Rendite aus.

Vor allem für junge Leute, die beim Abschluss des Sparplans unter 40 Jahre alt sind, bietet das Riestern mit Fonds langfristig attraktive Renditechancen. Vorteil dabei: Sie können die Chancen des Aktienmarktes zumindest mit einem Teil Ihrer Riester-Geldanlage wahrnehmen und bekommen vom Anbieter die gesetzlich vorgeschriebene Garantie, dass bis zum Rentenbeginn zumindest das eingezahlte Kapital inklusive Zulagen erhalten bleibt. Ältere Riester-Sparer sollten eine Riester-Rentenversicherung oder einen Riester-Fondssparplan wählen, je nachdem was ihnen praktischer erscheint. Wichtig ist für sie vor allem, den Vertrag durchzuhalten, um die Förderung nicht zu verlieren.

3 PRÜFEN UND VERGLEICHEN. Gerade bei lang laufenden Riester-Verträgen kann ein schlechtes Angebot am Ende Tausende Euro weniger abwerfen als ein gutes. Bevor Sie sich für einen konkreten Anbieter entscheiden, sollten Sie daher Renditechancen und vor allem Kostenstrukturen vergleichen. Am besten, Sie holen immer mehrere Angebote ein.

Für Laien ist es allerdings eine Herausforderung. Kostenstrukturen und Renditechancen unterschiedlicher Angebote zu prüfen. Hier helfen die Untersuchungen der Stiftung Warentest. Die Anbieter, die in den letzten Tests am besten abgeschnitten haben, finden Sie in die „Die Besten im Test" auf S. 212. Umfassende und regelmäßig aktualisierte Tests erhalten Sie gegen eine geringe Gebühr auf der Website der Stiftung Warentest unter www.test.de/riester.

4 ZULAGE UND STEUERVORTEILE SICHERN. Prüfen Sie jedes Jahr, ob sich nicht nur Ihr Einkommen, sondern auch Ihre Fördersituation ändert. Handlungsbedarf besteht vor allem dann, wenn sich Ihre familiären Verhältnisse ändern, beispielsweise wenn sich Nachwuchs einstellt, Sie heiraten oder sich scheiden lassen. Kontrollieren Sie am besten auch, ob die Zulagen Ihrem Konto jedes Jahr gutgeschrieben werden.

Darüber hinaus sollten Sie eine jährliche Steuererklärung zumindest in der vereinfachten Variante abgeben und darin die Anlage AV ausfüllen. Dann prüft das Finanzamt automatisch, ob Sie zusätzlich zu den Zulagen noch eine Steuerrückzahlung erhalten. Vor allem Sparer ohne Kinder mit gutem Einkommen können hier im Rahmen der „Günstigerprüfung" auf ein finanzielles Bonbon von Vater Staat hoffen.

RIESTER AUF EIS

WENN SIE EINEN RIESTER-VERTRAG nicht weiterführen möchten, sollten Sie ihn keinesfalls kündigen.

Kühl kalkulieren: Sind Sie mit Ihrem Riester-Vertrag unzufrieden, sollten Sie ihn einfach auf Eis legen und einen neuen abschließen. So **ZWINGEN SIE** den Anbieter des alten Vertrags dazu, ein Minus zum Rentenbeginn auszugleichen.

Wenn Sie einen Riester-Vertrag nicht weiterführen möchten, gibt es verschiedene Möglichkeiten. Die schlechteste ist, den Vertrag zu kündigen und sich das Guthaben auszahlen zu lassen – dann nämlich müssen Sie alle Zulagen, die Sie über die Jahre erhalten haben, wieder zurückzahlen. Nur wenn Sie das gekündigte Guthaben sofort wieder in einen anderen Riester-Vertrag einzahlen, dürfen Sie die Zulagen behalten. Damit bleiben zwei Optionen:

▸ **Sie kündigen den Vertrag** und schichten das Guthaben auf den neuen Anbieter um oder

▸ **Sie lassen den Vertrag ruhen** und leisten bis zur Auszahlungsphase einfach keine neuen Einzahlungen mehr.

KAPITALERHALT MIT LÜCKEN

Zwar bieten alle Riester-Verträge die Garantie, dass Ihnen das eingezahlte Geld plus Zulagen erhalten bleiben muss. Diese gilt aber nur, wenn Sie den Vertrag bis zum Rentenbeginn nicht antasten. Eine vorzeitige Kündigung ist hingegen kein Garantiefall, selbst wenn Sie das Guthaben gleich auf einen anderen Vertrag transferieren.

Riester-Fondssparpläne oder Riester-Rentenversicherungen können zwischenzeitlich im Minus sein. Bei einem Fondssparplan kann das passieren, wenn es an den Börsen Turbulenzen gibt und Aktien eine negative Wertentwicklung verbuchen.

Auch die Gebühren können dazu führen, dass das Guthaben eine gewisse Zeit lang niedriger ist als die Summe der Einzahlungen. Das ist vor allem bei Rentenversicherungen der Fall, denn Vermittler kassieren beim Abschluss eine Provision. Bei Riester-Verträgen dürfen die für die Gesamtlaufzeit anfallenden Vertriebskosten auf die ersten fünf Jahre verteilt werden.

Das bedeutet konkret: Wenn Sie bei einem Finanzvermittler oder einer Bank eine Riester-Rentenversicherung mit voraussichtlichen jährlichen Einzahlungen von 2 000 Euro und einer Laufzeit von 30 Jahren abgeschlossen haben, wird die Provision auf Basis einer Vertragssumme von 60 000 Euro berechnet – und wenn Sie davon nur 15 000 Euro einzahlen, ist der Kostenanteil im Vertrag entsprechend hoch. Bei der vorzeitigen Vertragskündigung und dem Wechsel zu einem anderen Anbieter entstehen daher oftmals Verluste.

Bessere Alternative: Wenn Ihr Riester-Vertrag nicht mehr die Renditeerwartungen erfüllt und Sie einen anderen Vertrag abschließen wollen, sollten Sie den Altvertrag lieber auf Eis legen und das Kapital einfach ruhen lassen, bis die reguläre Auszahlung zum Rentenbeginn ansteht. Weil der Anbieter garantieren muss, dass Sie zu diesem Zeitpunkt das eingezahlte Kapital plus Zulagen zurückerhalten, können Sie so vermeiden, dass Ihnen bis zur späteren Auszahlung Geld verlorengeht.

DAS BISSCHEN?

BEI DEN VERMÖGENSWIRKSAMEN LEISTUNGEN (VL) geht es um kleine Sparraten. Aber die sollten Sie nicht vernachlässigen.

Was bringen schon ein paar mickrige Euro monatlich von Arbeitgeber und Staat? Die **LANGZEITWIRKUNG** der kleinen Sparrate wird von vielen unterschätzt.

EXTRA-TIPP
Bei einem Jobwechsel können Sie den Vertrag fortführen und mit eigenem Geld besparen, falls der neue Chef nichts dazutut.

GERING GESCHÄTZT: Viele Arbeitnehmer kümmern sich nicht um die vermögenswirksamen Leistungen (VL) – und verzichten damit unter Umständen auf Zuschüsse vom Arbeitgeber und auf die staatliche Arbeitnehmersparzulage. Wenige machen sich die Mühe, die vordergründig niedrigen Anlagebeträge und Zuschüsse auf die gesamte Spardauer hochzurechnen.

DAS WÄCHST!

VIELE VL-SPARER KÖNNEN davon profitieren, dass ihr Arbeitgeber einen Zuschuss leistet oder der Fiskus Sparzulage zahlt.

Der Arbeitgeber legt freiwillig oder auf Basis des Tarifvertrags oft **NOCH WAS DAZU**. Das Finanzamt zahlt innerhalb bestimmter Einkommensgrenzen Arbeitnehmersparzulage. So sprießt das Guthaben mit der Zeit.

VERMÖGENSAUFBAU NEBENBEI: Doch gerade wegen der niedrigen Sparraten ist das VL-Sparen ideal, um nebenher noch ein zusätzliches Geldpolster aufzubauen. Die kleinen Monatsraten machen sich im Geldbeutel kaum bemerkbar, und alle sieben Jahre lässt sich eine hübsche Ernte einfahren, mit der Sie sich auch mal einen Extra-Wunsch erfüllen können.

VERMÖGENSWIRKSAME LEISTUNGEN

Mit kleinen Beträgen ein Finanzpolster aufbauen und dafür noch Zuschüsse vom Arbeitgeber und vom Staat kassieren: Das funktioniert mit vermögenswirksamen Leistungen (VL). Jeder Arbeitnehmer hat das Recht, einen Sparvertrag abzuschließen, bei dem die Sparraten direkt vom Arbeitgeber überwiesen werden. Dieser zieht dann die Raten vom Nettolohn ab. Das Prinzip: Sie zahlen sechs Jahre lang jeden Monat Geld in einen VL-Sparvertrag ein und lassen dann das Geld noch ein weiteres Jahr ruhen. Danach können Sie auf das Guthaben zugreifen und es nach freiem Ermessen verwenden.

DIE ARBEITNEHMERSPARZULAGE

Bei bestimmten Anlageformen beteiligt sich der Staat am Vermögensaufbau: Wenn Sie Ihre vermögenswirksamen Leistungen in einen Aktienfonds oder Bausparvertrag einzahlen, haben Sie Anspruch auf staatliche Arbeitnehmersparzulage.

Die Zulage fürs Bausparen beträgt 9 Prozent für jährliche Einzahlungen bis zu 470 Euro. Diese bekommen Sie allerdings nur, wenn Sie höchstens 17 900 Euro als Lediger beziehungsweise 35 800 Euro als Verheirateter verdienen.

Doch die wahre Einkommensgrenze liegt oft deutlich höher, denn als Kriterium gilt nicht das Bruttogehalt auf der Lohnabrechnung, sondern das zu versteuernde Einkommen. So können Arbeitnehmer zunächst einmal alle Ausgaben im direkten Zusammenhang mit ihrem Beruf, zumindest jedoch den Werbungskosten-Pauschbetrag abziehen. Hinzu kommen weitere Abzugsmöglichkeiten im Rahmen der Sonderausgaben sowie die Freibeträge für die im Haushalt lebenden Kinder. Damit kann bei Ehepaaren mit drei Kindern und einem Arbeitnehmer das jährliche Einkommen rund 45 000 Euro betragen, ohne dass der Anspruch auf Arbeitnehmersparzulage gefährdet ist.

Üppigere Förderung gibt es, wenn Sie einen Aktienfonds besparen. Dort liegt zwar das jährliche Einzahlungslimit bei 400 Euro, dafür spendiert der Staat jedoch 20 Prozent Arbeitnehmersparzulage. Die Einkommensgrenze ist mit jährlich 20 000 Euro für Ledige und 40 000 Euro für Verheiratete etwas großzügiger bemessen als beim Bausparen.

Auch hier gilt das zu versteuernde Jahreseinkommen als Maßstab. Sofern Sie im Einkommenslimit sind, können Sie das Bausparen und Aktienfondssparen kombinieren und auf diese Weise von der doppelten Förderung profitieren.

Keine staatlichen Fördermittel gibt es für Banksparpläne und kapitalbildende Lebensversicherungen, die ebenfalls als VL-Produkte angeboten werden.

ZUSCHUSS VOM ARBEITGEBER

Sowohl Vollzeit- wie auch Teilzeitbeschäftigte können das VL-Sparen nutzen. Je nach Tarifvertrag oder Betriebsvereinbarung leistet unter Umständen der Arbeitgeber einen Beitrag zum Sparplan. Die Höhe des Zuschusses kann je nach Branche und Unternehmen sehr unterschiedlich ausfallen: Während der eine Betrieb nichts dazugibt, spendieren andere einen Zuschuss von 6 bis 40 Euro. Erkundigen Sie sich einfach bei der Personalabteilung Ihres Arbeitgebers, ob sich dieser grundsätzlich an den vermögenswirksamen Leistungen beteiligt.

Im Regelfall ist der Zuschuss des Arbeitgebers nicht an eine bestimmte Einkommensgrenze gebunden und wird für alle Anlageformen – beispielsweise auch für Banksparpläne – gezahlt.

Damit gilt: VL-Sparen lohnt sich immer dann besonders, wenn Sie entweder Anspruch auf Arbeitnehmersparzulage haben oder wenn sich Ihr Chef daran beteiligt.

34 €

Angenommen, Sie sparen diese Summe **monatlich in einen Aktienfonds:** 17 Euro zahlt beispielsweise der Arbeitgeber, 17 Euro steuern Sie selbst bei.

20 %

Arbeitnehmersparzulage **schießt der Staat zu,** wenn Ihr zu versteuerndes Einkommen als Single unter 20 000 Euro liegt.

3 318 €

hätten Sie dann nach 6 Jahren Sparen und einer Wartezeit von einem Jahr **auf der hohen Kante,** wenn Ihr Aktienfonds eine Nettorendite von 4 Prozent erwirtschaftet. Zwar gibt es keine Garantie, dass der Fonds tatsächlich so viel abwirft. Aber es ist nicht unrealistisch, denn in der Vergangenheit waren 4 Prozent durchaus im Rahmen des Möglichen.

WELCHER VL-VERTRAG PASST FÜR WEN?

Generell kommen für das VL-Sparen vier Anlageformen infrage:

- ▶ Aktienfonds,
- ▶ die „wohnwirtschaftliche Verwendung" in Form des Bausparens,
- ▶ der Banksparplan und
- ▶ die Kapitallebensversicherung.

Dazu kommen noch weitere Anlageformen wie Mitarbeiterbeteiligungen oder Anteile an Wohnungsgenossenschaften – diese sind zwar durchaus oft attraktiv, in der Praxis aber eher selten anzutreffen. Deshalb klammern wir sie hier aus.

AKTIENFONDS

Das VL-Sparen mit Aktienfonds ist für Sie am besten geeignet, wenn Sie ohne einen bestimmten Verwendungszweck mit kleinen Anlagebeträgen nebenbei Ihren Vermögensaufbau beschleunigen wollen. Wie bei anderen Aktienanlagen müssen Sie auch hier mit den börsenüblichen Wertschwankungen rechnen und sollten kein Fracksausen bekommen, wenn in einem schlechten Jahr mal ein größerer Verlust zu verbuchen ist. Für diejenigen, die Anspruch auf Arbeitnehmersparzulage haben, ist das Aktienfondssparen am interessantesten, weil die Sparzulage mit 20 Prozent mehr als doppelt so hoch ist wie beim Bausparen und überdies als Puffer bei Verlusten wirkt.

Achten Sie bei der Fondsauswahl darauf, dass der Fonds als VL-fähiges Anlage-produkt gekennzeichnet ist – denn der Fonds muss mindestens 60 Prozent des Vermögens in Aktien investieren und den Sparern auch kleine Monatsraten ermöglichen. Stellen Sie auch sicher, dass Ihre Sparrate nicht niedriger ist als die Mindestsparrate des Fonds.

Bei der Auswahl der Depotbank sollten Sie ein Geldinstitut bevorzugen, das möglichst niedrige Gebühren für die Depotverwaltung verlangt – denn diese können gerade bei niedrigen Sparraten die Rendite äußerst nachteilig beeinflussen. Welche Banken und VL-Fonds im Test besonders gut abgeschnitten haben, finden Sie unter „Die Besten im Test" auf S. 212.

BAUSPAREN

Bausparverträge sind in erster Linie dafür vorgesehen, dass Sie am Ende der Ansparphase das Bauspardarlehen in Anspruch nehmen und mit der Summe aus Guthaben und Darlehen eine wohnwirtschaftliche Maßnahme finanzieren. Dazu zählt nicht nur der Erwerb eines Eigenheims, sondern auch die Finanzierung von Renovierungs- und Modernisierungsmaßnahmen.

Zwar können Sie nach Ende der sechsjährigen Ansparzeit und dem anschließenden Ruhen des Vertrags über zwölf Monate das Bausparguthaben frei verwenden, ohne dass die Arbeitnehmersparzulage gefährdet ist. Das günstige Bauspardarlehen erhalten Sie jedoch nur, wenn Sie das Geld in Ihr

Eigenheim investieren – Mieter können das Darlehen nur in Anspruch nehmen, wenn sie damit auf eigene Kosten die Bausubstanz ihrer Mietwohnung erneuern.

Falls Sie nach sieben Jahren nur das Guthaben abrufen möchten, können Sie davon ausgehen, dass sich die Rendite des Vertrags um rund zwei Prozentpunkte erhöht, wenn Sie über die gesamte Laufzeit Arbeitnehmersparzulage erhalten. Abziehen müssen Sie bei dieser Rechnung jedoch die zu Beginn anfallenden Abschlussgebühren, sodass der Bausparvertrag als reine Geldanlage wenig empfehlenswert ist. Damit kommt das VL-Bausparen am ehesten für diejenigen infrage, die im Lauf der nächsten sieben Jahre ein Eigenheim erwerben oder den Bausparvertrag sozusagen als „Krankenversicherung" für das eigene Haus verwenden wollen, um die immer mal wieder anfallenden Renovierungsarbeiten zu finanzieren.

BANKSPARPLAN

Das Ratensparen bei einer Bank ist die einfachste und vor allem kostengünstigste Weise, die vermögenswirksamen Leistungen anzulegen. Nebenkosten fallen bei Banksparplänen nicht an, und das Geld ist über die Einlagensicherung vor Verlusten geschützt. Zudem gibt es durchaus Angebote mit attraktiven Zinsen. Welche zuletzt gut abgeschnitten haben, finden Sie unter „Die Besten im Test" auf S. 212.

Allerdings haben Sie beim Banksparen keinen Anspruch auf Arbeitnehmersparzulage. Daher ist es vor allem für Sparer interessant, die ohnehin keine Sparzulage erhalten, weil sie dafür zu viel verdienen. Der Zuschuss des Arbeitgebers wird unabhängig vom Anlageprodukt gezahlt und gilt damit auch für Banksparpläne.

Weil mit dem Banksparen keinerlei Verlustrisiko verbunden ist, kommt es vor allem dann infrage, wenn am Ende der Spardauer das Guthaben für eine fest eingeplante Anschaffung wie beispielsweise den Kauf eines neuen Autos mitverwendet werden soll.

KAPITALLEBENSVERSICHERUNG

Kapitallebensversicherungen sind meist starre Sparverträge: Eine Ratenänderung ist nicht möglich, und der vorzeitige Ausstieg ist mit drastischen Renditeeinbußen oder gar Verlusten verbunden. Zwar gewähren Ihnen die Versicherer eine Mindestverzinsung. Doch diese ist mager und bezieht sich nur auf den Sparanteil, den der Versicherer nach Abzug der Risiko-, Verwaltungs- und Vertriebskosten tatsächlich anlegt. Wie hoch dieser Anteil ist, darüber schweigen sich die Anbieter aus. Aufgrund der mangelnden Flexibilität und Transparenz ist der Abschluss einer Kapitallebensversicherung auch im Rahmen des VL-Sparens nicht empfehlenswert, zumal es hier keine Arbeitnehmersparzulage gibt.

Privat anlegen und vorsorgen

Je mehr Zeit für den Vermögensaufbau zur Verfügung steht, umso eher lohnt es sich, Investmentfonds in die Anlagestrategie mit einzubeziehen. Wer beim Gang an die Kapitalmärkte nicht auf die Nase fallen will, sollte einige wichtige Grundregeln beachten und sich vor den dubiosen Offerten des grauen Kapitalmarktes in Acht nehmen.

DAHINDÜMPELN?

TAGESGELD, SPARBRIEF & CO. sind zwar ein sicherer Hafen, langfristige Gewinne lassen sich damit jedoch kaum erzielen.

FLAUTE: Das Tagesgeldkonto ist gut fürs kurzfristige Sparen, taugt aber wegen der Minizinsen nicht für die Altersvorsorge.

Die Matratze ist ein noch schlechterer **LIEGEPLATZ**: Wer sein Bargeld darunter versteckt, erleidet dank Inflation einen schleichenden Vermögensverlust.

AHOI!

GERINGE GEWINNE: Wer sein ganzes Geld ausschließlich auf absolut sichere Anlageformen wie Sparbuch oder Tagesgeldkonto packt, handelt wie jemand, der sein Boot nur im Hafen lässt: Alles ist sicher, aber man kommt nicht vom Fleck. Fürs langfristige Sparen und Anlegen sind deshalb die sicheren, aber wenig rentablen Bankprodukte nur zweite Wahl.

IN SEE STECHEN!

AM KAPITALMARKT kann es auch mal stürmisch zugehen. Aber wer die Risiken gut verteilt, hat langfristig Aussicht auf höhere Gewinne.

Untiefen meiden: Achten Sie darauf, dass Sie das Risiko möglichst breit streuen und für den kurzfristigen Geldbedarf **SICHER** und flexibel angelegtes Kapital verfügbar haben.

Den Horizont im Blick: Solange Sie das Geld in den nächsten **ZEHN JAHREN** nicht brauchen, kommen Sie mit Aktienanlagen wie Indexfonds (ETF) am besten vom Fleck.

KURS HALTEN: Bei Indexfonds (ETF) müssen Sie zwar die Wertschwankungen der Aktienmärkte mit einkalkulieren. Doch auf lange Sicht bieten Aktienanlagen bessere Renditechancen als sichere Zinsprodukte von Banken. Dabei gibt das Ziel den Kurs vor: Für den langfristigen Vermögensaufbau lohnt es sich in aller Regel, das Schwankungsrisiko einzugehen.

STARR SPAREN?

WER AUF UNFLEXIBLE SPARPLÄNE SETZT, hat in seiner Renditerechnung eine Sollbruchstelle eingebaut.

Starr ist das Versicherungssparen: Sparpläne von Versicherungen können zwar ausgesetzt oder stillgelegt werden. Aber das **MINDERT** den Gewinn, weil dann interne Gebührenposten verrechnet werden.

Teuer und **UNFLEXIBEL** sind Kapitallebensversicherungen sowie Renten- und Lebensversicherungen, die auf Fonds setzen.

WENN BEI SPARPLÄNEN keine Ratenänderungen und Umschichtungen ohne Extragebühren oder Renditeeinbußen möglich sind, wird die Anpassung kostspielig. Müssen Sie wegen eines finanziellen Engpasses den Sparplan aussetzen oder das Guthaben umschichten, drohen herbe Renditeeinbußen. Besonders davon betroffen sind Renten- und Kapitallebensversicherungen.

BEWEGLICH BLEIBEN!

SPARPLAN AL DENTE: Wählen Sie lieber einen Sparplan, den Sie flexibel Ihrer Lebenssituation anpassen können.

Fondssparpläne lassen sich einfach **ANPASSEN**. Babypause und weniger Einkommen? Kein Problem! Fondssparpläne können Sie zwischendurch mal auf Eis legen.

Erbschaft gemacht? Auch dann erweisen sich Fondssparpläne als **BEQUEM** und flexibel: Wenn Sie einen größeren Betrag zusätzlich auf die hohe Kante legen möchten, können Sie ihn einfach auf einen bestehenden Fondssparplan überweisen.

OHNE EXTRAKOSTEN können Sie bei Sparplänen mit Investmentfonds oder Indexfonds (ETF) Raten aussetzen, erhöhen oder reduzieren. Die Sparraten können Sie jederzeit ganz einfach verändern, und mit einer simplen Überweisung lässt sich das Guthaben mit Extrazahlungen aufstocken. Auch der Verkauf von Fondsanteilen ist ohne Kündigungsfrist möglich.

ALLE IN EINEN?

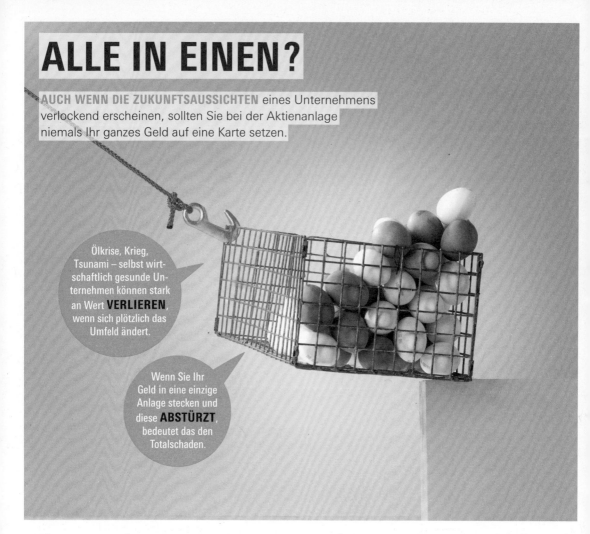

AUCH WENN DIE ZUKUNFTSAUSSICHTEN eines Unternehmens verlockend erscheinen, sollten Sie bei der Aktienanlage niemals Ihr ganzes Geld auf eine Karte setzen.

Ölkrise, Krieg, Tsunami – selbst wirtschaftlich gesunde Unternehmen können stark an Wert **VERLIEREN**, wenn sich plötzlich das Umfeld ändert.

Wenn Sie Ihr Geld in eine einzige Anlage stecken und diese **ABSTÜRZT**, bedeutet das den Totalschaden.

GEFÄHRLICHES GLÜCKSSPIEL: Wer Aktien eines Unternehmens kauft, hofft darauf, dass sich dessen Umsätze und Gewinne in der Zukunft gut entwickeln. Doch Missmanagement, Skandale oder ungünstige Umstände können den Gewinn und damit auch den Aktienkurs einbrechen lassen. Daher sollten Sie als Aktienanleger niemals alle Eier in einen Korb legen.

VERTEILEN!

STREUEN SIE DAS RISIKO, indem Sie auf Unternehmen aus unterschiedlichen Branchen und Regionen setzen, wenn Sie am Aktienmarkt investieren.

Eine Untersuchung von Finanztest ergab: Erst wer etwa 30 Aktienwerte aus verschiedenen Branchen und Regionen im Depot hat, hat das Risiko wirklich **BREIT GESTREUT**. Wer nicht zum Börsenprofi werden möchte, sollte auf gute Indexfonds (ETF) setzen. So ist eine breite Streuung garantiert, ohne dass Sie sich selbst ständig kümmern müssen.

FÜR AUSGLEICH SORGEN: Mit einem Mix aus unterschiedlichen Branchen und Regionen im Aktiendepot können Sie dafür sorgen, dass im Fall der Fälle der Absturz eines einzelnen Unternehmens abgefedert wird. Optimal für die Anlage kleinerer und mittelgroßer Beträge sind daher Fonds, bei denen Sie an einer Mischung aus mehreren Dutzend Aktienwerten beteiligt sind.

WIE KANN ICH VERMÖGEN AUFBAUEN?

Tagesgeldkonten, Sparbriefe und Banksparpläne bieten zwar hohe Sicherheit, bringen aber nur geringe Zinsen. Gerade beim langfristigen Vermögensaufbau ist das ein echtes Handicap, und zwar wegen des Zinseszins-Effektes. Weil die gutgeschriebenen Zinsen in den Folgejahren immer wieder neu verzinst werden, wachsen Guthaben bei höherem Zins im Lauf der Zeit überproportional stärker als niedrig verzinste.

Das bedeutet: Bei der langfristigen Geldanlage lohnt es sich, ein gewisses Risiko einzugehen und sich dafür die Chance auf höhere Erträge zu sichern. Wichtig dabei ist zuallererst, dass Sie nur dann Wertschwankungsrisiken eingehen, wenn Sie das angelegte Geld in den nächsten zehn Jahren nicht brauchen. Dann nämlich können Sie die üblichen Schwankungen an den Kapitalmärkten einfach aussitzen und mit der Umschichtung oder Auflösung Ihrer Kapitalanlage warten, bis wieder bessere Zeiten kommen.

In erster Linie kommen für die langfristige Geldanlage Aktien und Anleihen infrage. Der Unterschied zwischen beiden Wertpapiergattungen:

Aktien stellen einen Eigentumsanteil an einem Unternehmen dar. Aktionäre sind am Gewinn beteiligt, indem sie jedes Jahr eine variable Dividende erhalten, die in schlechten Jahren auch mal entfällt. Außerdem hängt der Gewinn vom Kurs der Aktie ab. Je nachdem wie die Akteure am Markt die Zukunftsaussichten eines Unternehmens einschätzen, kann der Kurswert von dessen Aktien steigen oder fallen.

Anleihen sind börsennotierte Schuldscheine. Wer sie kauft, gibt dem herausgebenden Unternehmen oder Staat einen Kredit, den er am Ende der Laufzeit wieder zurückerhält. Jährlich gibt es dafür meist einen festen, manchmal auch einen variablen Zins. Der Kurs von Anleihen wird durch das Zinsumfeld beeinflusst und davon, wie sich die Kreditwürdigkeit des Herausgebers entwickelt. Häufig schwanken Anleihen weniger stark im Wert als Aktien.

BÖRSIANER WERDEN?

Der direkte Kauf von Aktien oder Anleihen ist für viele Anleger mit einem ganz praktischen Problem verbunden: Banken verlangen oft Mindestgebühren, sodass bei

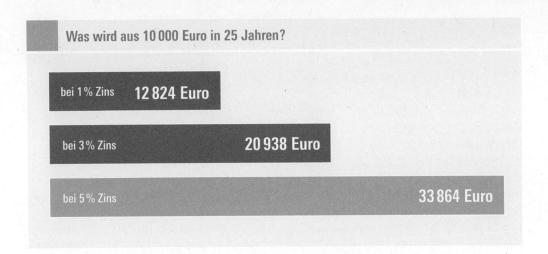

Was wird aus 10 000 Euro in 25 Jahren?

bei 1% Zins	**12 824 Euro**
bei 3% Zins	**20 938 Euro**
bei 5% Zins	**33 864 Euro**

kleineren Anlagebeträgen die Kostenquote extrem hoch ist. Beträgt etwa die Mindestgebühr 30 Euro, dann müssen Sie 6 Prozent des Kaufpreises als Gebühr an die Bank zahlen, wenn Sie für 500 Euro Wertpapiere kaufen. Angesichts der Tatsache, dass für eine vernünftige Risikostreuung mindestens 15 verschiedene Wertpapiere erforderlich sind, lohnt sich das eigene Wertpapierdepot erst, wenn Sie weit mehr als 15 000 Euro anlegen möchten.

Dazu kommt, dass Sie sich beim selbst verwalteten Wertpapierdepot ständig mit Unternehmensmeldungen und Analysen befassen müssen, damit Sie nicht aufs falsche Unternehmen setzen. Schließlich gilt es sicherzustellen, dass Sie das Wertpapier rechtzeitig abstoßen, wenn seine Attraktivität schwindet. Wer nicht über Vorkenntnisse der Finanzwelt verfügt und nicht genügend Zeit für die regelmäßige Depotprüfung aufbringen kann, sollte sich daher nicht direkt aufs Börsenparkett begeben.

DIE BEQUEME LÖSUNG: FONDS
Für die meisten Anleger sind Investmentfonds (kurz: Fonds) eine sinnvolle Alternative zur Direktanlage in Wertpapiere. Fonds bringen zwei wichtige Vorteile: Schon mit kleinen Beträgen – bei manchen Fonds ab 25 Euro – können Sie Anteile an einem Depot aus vielen unterschiedlichen Aktien oder Anleihen erwerben. Damit eignen sich Fonds sowohl für die einmalige Anlage kleinerer oder größerer Beträge als auch für Sparpläne.

Um die Auswahl der einzelnen Wertpapiere brauchen Sie sich nicht selbst zu kümmern. Das übernimmt bei aktiv gemanagten Fonds der Fondsmanager, bei passiven Indexfonds (ETF) läuft die Fondsentwicklung parallel zum dazugehörigen Wertpapierindex (siehe „So funktionieren Indexfonds", S. 184).

WIE FUNKTIONIEREN FONDS?

Die Grundidee von Fonds ist denkbar einfach. Quasi werfen viele Anleger ihr Geld in einen Topf: Die Fondsgesellschaft sammelt das Geld von den Kunden ein und investiert den Gesamtbetrag in viele unterschiedliche Wertpapiere. Es ist keine Seltenheit, dass ein Fonds sein Kapital auf weit über 100 einzelne Aktien oder Anleihen verteilt.

Das Fondsvermögen wird dann in einzelne Anteile gestückelt. Als Fondsanleger können Sie auch Bruchteile von Fondsanteilen erwerben: Wenn Sie zum Beispiel Fondsanteile im Wert von 2 500 Euro kaufen und der Anteilswert 65 Euro beträgt, erhalten Sie 38,46 Anteile.

Auch der Kauf von Fonds ist mit Kosten verbunden. Sie zahlen eine Art Kaufpreis, den Ausgabeaufschlag. Er beläuft sich auf bis zu 6 Prozent des Anlagebetrags. Dazu kommen jährliche Verwaltungsgebühren und die Gebühren Ihrer Hausbank dafür, dass sie das Wertpapierdepot mit den Fondsanteilen führt. Diese Kosten zehren an Ihrer Rendite, aber sie lassen sich

mit ein paar einfachen Mitteln eindämmen. Wie Sie dabei am besten vorgehen, erfahren Sie im Abschnitt „Beim Kauf sparen" ab S. 194.

Und was ist, wenn der Fondsanbieter pleitegeht? Als Kunde müssten Sie dann nicht fürchten, dass Ihr Geld weg ist. Die Kundengelder sind als Sondervermögen gesichert. Die Gläubiger der Fondsgesellschaft hätten keinen Zugriff darauf.

FONDS IST NICHT GLEICH FONDS

Es gibt unterschiedliche Arten von Fonds. Sie unterscheiden sich durch die Anlagen, in die sie die Kundengelder investieren. Wichtig für private Anleger sind vor allem:

- ▶ **Aktienfonds.** Wie der Name sagt, investieren sie das Anlegergeld in Aktien.
- ▶ **Rentenfonds.** Sie setzen auf Anleihen von Staaten oder Unternehmen. Der Begriff „Rente" hat dabei nichts mit der Altersrente zu tun, sondern ist eine andere Bezeichnung für Anleihe.
- ▶ **Mischfonds.** Sie mixen Aktien und Anleihen.

Es gibt noch weitere Fondsgattungen, die jedoch bei kritischer Betrachtung eine eher untergeordnete Rolle spielen.

- ▶ **Offene Immobilienfonds** stecken den Hauptteil des Vermögens nicht in Wertpapiere, sondern in vermietete Immobilien. Sie sind für die sicherheitsorientierte und langfristige Anlage gedacht, glänzen allerdings meist nicht mit Transparenz. Damit sind sie kein Muss für den Vermögensaufbau.

▶ **Geldmarktfonds** sind für die kurzfristige Anlage konzipiert. Sie konkurrieren mit Tagesgeldkonten, schneiden dabei aber in aller Regel schlechter ab. Tagesgeldkonten sind bequemer und kostengünstiger, weil keinerlei Verwaltungskosten anfallen und kein Wertpapierdepot eröffnet werden muss.

▶ **Dachfonds** wollen das Risiko für Investoren besonders breit streuen, indem sie auf eine Mischung aus Aktien, Anleihen und zuweilen auch Immobilien setzen. Im Gegensatz zu Mischfonds investieren sie allerdings nicht direkt in Aktien und Anleihen, sondern in andere Investmentfonds mit entsprechender Anlagestrategie. Das führt jedoch zu einer doppelten Kostenbelastung, weil Anlegern sowohl auf der Ebene des Dachfonds als auch bei den einzelnen Fonds, die der Dachfonds kauft, Verwaltungsgebühren berechnet werden. Häufig erwerben Dachfonds nur Anteile an Fonds, die von der gleichen Investmentgesellschaft aufgelegt worden sind. In solchen Fällen hat das Fondsmanagement keine Möglichkeit, aus dem Gesamtmarkt die aussichtsreichsten Fonds herauszupicken. Die Folge: Viele von ihnen schneiden nur mäßig ab.

13 100
Investmentfonds sind in Deutschland zum Vertrieb zugelassen.

6,3 MIO.
Deutsche haben Ende 2016 **Anteile an Aktienfonds** gehalten.

975
MILLIARDEN
Euro haben private Anleger in Deutschland in **Investmentfonds** angelegt.

1950
wurden **die ersten Investmentfonds** in Deutschland von der Fondsgesellschaft ADIG (heute Cominvest) aufgelegt.

Quellen:
Bundesanstalt für Finanzdienstleistungsaufsicht /
Deutsches Aktieninstitut / Fondsverband BVI

AKTIV?

FONDS MIT AKTIVEM Management sind teuer. Doch ein Mehrwert ist oft nicht vorhanden.

Schweiß ohne Preis: Tests zeigen, vier von fünf Fondsmanagern **SCHAFFEN ES NICHT**, besser abzuschneiden als der Vergleichsindex wie zum Beispiel der Dax oder der EuroStoxx-Aktien-index.

Ein echtes **HANDICAP** für Anleger: Von den Gewinnen, die ein Fondsmanager erzielt, werden immer erst einmal die Verwaltungs-gebühren abge-zogen.

VERWALTUNGSKOSTEN ALS GEWINNBREMSE: Bei aktiv gemanagten Aktienfonds können sich die jährlichen Verwaltungsgebühren auf mehr als 1,5 Prozent anhäufen. Bevor Gewinne an die Anleger fließen, muss das Fondsmanagement diesem Rückstand erst mal hinterherstrampeln – und das ist auf Dauer ganz schön mühsam. Daher liefern viele Fonds eine unterdurchschnittliche Rendite.

PASSIV!

INDEXFONDS BILDEN einfach „passiv" einen Index wie den EuroStoxx ab. Das spart Gebühren, denn der Manager fällt weg.

Bei Indexfonds springt netto **MEHR RENDITE** heraus als bei vielen aktiv gemanagten Fonds, denn von den Erträgen gehen nur minimale Verwaltungskosten ab.

Bei Indexfonds können auch Sie sich **ZURÜCKLEHNEN**. Der Grund: Sie müssen nicht fürchten, gerade auf den Manager zu setzen, der kein glückliches Händchen beweist.

WENIGER GEBÜHREN, MEHR ERTRAG: Bei Indexfonds gibt es keinen gut bezahlten Manager, der sich eigene Strategien ausdenkt. Sie werden einfach genauso wie der dazugehörige Wertpapierindex zusammengesetzt. Damit folgt der Gewinn für Anleger mit minimalen Abstrichen stets dem Indexverlauf. Indexfonds sind daher optimal für alle, die es transparent und bequem mögen.

SO FUNKTIONIEREN INDEXFONDS

KOSTENGÜNSTIG UND TRANSPARENT:
die Alternative zu klassischen Investmentfonds.

Gesunde Mischung: Stellen Sie sich einen **INDEX** wie einen Obstteller vor. Doch statt unterschiedlicher Früchte umfasst er Aktien vielfältiger Unternehmen. So enthält etwa der Aktienindex Dax die 30 größten deutschen Unternehmen.

Ein Indexfonds (ETF) ist **EINE KOPIE** des Index. Er enthält quasi dieselben Aktien wie der Index und entwickelt sich wie dieser. Mit einem Indexfonds auf den Dax setzen Sie also auf die 30 größten deutschen Unternehmen.

Bei aktiv verwalteten Fonds geben sich die Manager alle Mühe, das Fondsvermögen in möglichst aussichtsreiche Aktien zu investieren. Doch Fondsmanager zählen nicht gerade zu den Billiglohnkräften, und so müssen die Anleger happige Verwaltungsgebühren entrichten. Bei Aktienfonds ist eine jährliche Kostenquote von 1,5 bis 2 Prozent keine Seltenheit, was in der Praxis bedeutet: Macht das Management mit den Aktien 6 Prozent Gewinn, kommen davon nur 4 bis 4,5 Prozent beim Anleger an. Auf Dauer ist es jedoch auch für gewiefte Fondsstrategen schwer, mit dem glücklichen Händchen für besonders gewinnträchtige Aktien dieses Manko auszugleichen. Deshalb schneiden die meisten Fonds schlechter ab, als wenn man aus dem gleichen Anlagesegment nach dem Zufallsprinzip Aktien ausgesucht hätte.

Die preiswerte Alternative sind börsengehandelte Indexfonds, die auch als „Exchange Traded Funds" oder „ETF" bezeichnet werden. Sie begnügen sich damit, einen bestimmten Aktienindex nachzubilden wie den deutschen Aktienindex Dax, den europäischen Stoxx-Index oder den globalen MSCI-Weltaktienindex.

Der Verzicht auf aktives Management ermöglicht extrem niedrige Kosten. Bei ETF auf große Aktienindizes wie den Stoxx oder den MSCI-Weltaktienindex zahlen Sie meist weniger als 0,5 Prozent an jährlichen Verwaltungsgebühren. Auch fallen beim Kauf keine Ausgabeaufschläge an, sondern die Fondsanteile kaufen und verkaufen Sie einfach über die Börse. Keine Angst: Sie müssen sich nicht selbst aufs Börsenparkett begeben. Das macht Ihre Bank für Sie. Je nach Bank und Geldbetrag zahlen Sie als Filialbankkunde etwa 1 Prozent. Kunden von Direktbanken haben noch deutlich geringere Kosten.

Wenn Sie regelmäßig sparen möchten, können Sie auch ETF-Sparpläne abschließen. Diese sind allerdings bei Filialbanken noch Mangelware. Vor allem Direktbanken bieten sie günstig an.

Neben Aktien-ETF gibt es auch ETF, die in Anleihen investieren, sogenannte Renten-ETF. Sie bilden die Wertentwicklung von Staats- oder Unternehmensanleihen ab, wobei es sowohl ETF auf Euro-Anleihen wie auch Produkte auf internationale Anleihen gibt. Mit der Kombination von Anleihen und Aktien können Sie mit nur zwei Anlageprodukten Ihre ganz persönliche Chance-Risiko-Mischung zusammenstellen. Das hört sich kompliziert an? Ganz einfach funktioniert das mit unserem Pantoffel-Portfolio, das wir Ihnen auf den folgenden Seiten vorstellen.

Neben Aktien- und Renten-ETF gibt es ETF auf Edelmetall- und Rohstoffpreise sowie Produkte, die die Wertentwicklung von Immobilien abbilden. Um diese sollten Sie besser einen Bogen machen. Sie eignen sich nur für Profis.

HEIMATVERBUNDEN?

DEUTSCHLAND IST NUR EIN KLEINER TEIL der Weltwirtschaft. Wer nur in Aktien aus dem Inland investiert, verpasst die Renditechancen, die sich in anderen Regionen der Welt eröffnen.

Nicht überall sind **DEUTSCHE** Unternehmen führend. Wer internationale Aktien ausblendet, verzichtet auf so manche Gewinnchance und macht sich stark vom heimischen Markt abhängig.

Im deutschen Aktienindex **DAX** sind die einzelnen Branchen ungleichmäßiger gewichtet als in internationalen Indizes wie dem MSCI-Weltaktienindex.

VERTRAUTES TERRAIN: Viele Aktienanleger gewichten Aktien aus dem eigenen Land überproportional, weil sie glauben, den Inlandsmarkt am besten zu kennen. Doch deutsche Unternehmen erwirtschaften oft einen großen Teil ihrer Umsätze auf ausländischen Märkten – da ergibt die Beschränkung auf deutsche Aktien oder auf Dax-Indexfonds wenig Sinn.

WELTENBUMMLER!

JE BREITER IHRE AKTIENINVESTMENTS über den Globus verteilt sind, umso besser können sich regionale Unterschiede in der Wirtschaftsentwicklung ausgleichen.

Läuft in Deutschland der Aktienmarkt schlecht, kann der Verlust oft durch bessere Entwicklungen in Amerika oder Asien **ABGEMILDERT** werden.

Die Wirtschaft ist sowieso global vernetzt. Deshalb ist es **SINNVOLL**, auch die Aktienmischung über die wichtigsten Wirtschaftsregionen zu verteilen.

GLOBAL INVESTIEREN: Beim Aktieninvestment sollten mit Europa, Amerika und Asien die wichtigsten Wirtschaftsregionen abgedeckt werden. Als Fondsanleger können Sie dies auch ohne Kenntnis der globalen Großkonzerne tun: Wenn Sie einfach auf einen Indexfonds (ETF) mit internationaler Ausrichtung setzen, brauchen Sie sich um die passende Mischung nicht zu kümmern.

CHAOTEN-PORTFOLIO?

JE MEHR UNTERSCHIEDLICHE FONDS oder Wertpapiere sich ansammeln, desto leichter verlieren Sie den Überblick.

TEUER UND RISKANT: Häufige Käufe und Verkäufe treiben die Nebenkosten der Wertpapieranlage in die Höhe, und im Chaoten-Portfolio verstecken sich oft ausgelatschte Verlustbringer, die über Jahre hinweg mitgeschleppt werden. Wer nicht regelmäßig und radikal ausmistet, verliert irgendwann den Überblick, verschenkt Renditechancen und erhöht das Risiko von Anlageflops.

PANTOFFEL-PORTFOLIO!

BEQUEM HABEN SIE ES mit dem Pantoffel-Portfolio.
Zwei Indexfonds (ETF) reichen.

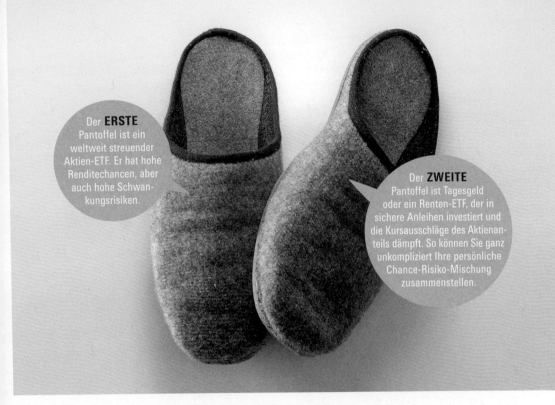

Der **ERSTE** Pantoffel ist ein weltweit streuender Aktien-ETF. Er hat hohe Renditechancen, aber auch hohe Schwankungsrisiken.

Der **ZWEITE** Pantoffel ist Tagesgeld oder ein Renten-ETF, der in sichere Anleihen investiert und die Kursausschläge des Aktienanteils dämpft. So können Sie ganz unkompliziert Ihre persönliche Chance-Risiko-Mischung zusammenstellen.

REINSCHLÜPFEN UND WOHLFÜHLEN: Mit einem Aktien-ETF und einem Sicherheitsbaustein aus Tagesgeld oder einem Renten-ETF als Basisinvestment können Sie ganz einfach ein gut strukturiertes Wertpapier-Portfolio aufbauen. Die ETF sorgen dabei für die breite Risikostreuung bei optimaler Übersichtlichkeit. Mit einfachem Umschichten können Sie die Mischung jederzeit korrigieren.

SCHRITT FÜR SCHRITT ZUM PANTOFFEL-INVESTOR

Das Pantoffel-Portfolio ist eine Idee von Finanztest, die es Anlegern ermöglicht, sehr einfach und bequem mithilfe von börsengehandelten Indexfonds (ETF) Geld in Wertpapiere zu investieren. Es eignet sich ebenso gut für kleinere wie für größere Anlagesummen und funktioniert auch als Sparplan. Und das kann sich richtig lohnen: In den vergangenen 20 Jahren schnitt ein Pantoffel-Sparplan deutlich besser ab als ein Mischfonds oder gar ein Sparbuch. Wenn Sie zum Pantoffel-Investor werden möchten, gehen Sie am besten Schritt für Schritt vor:

KEINE ZWECKBINDUNG

Zuallererst sollten Sie darauf achten, dass Sie im Pantoffel-Portfolio kein Geld anlegen, das Sie in absehbarer Zeit brauchen. Gemäß dem 4-Töpfe-Prinzip befinden Sie sich hier im Bereich des langfristigen Vermögensaufbaus und haben für Ihre geplanten Anschaffungen und eine Notfallreserve schon genügend Geld in sichere Anlageformen investiert. Wenn das Wertpapiervermögen Ihre private Altersvorsorge ergänzen soll, sollten Sie darauf achten, dass

bis zum voraussichtlichen Rentenbeginn noch mindestens 10 bis 15 Jahre Zeit verbleiben – diesen Zeitpuffer brauchen Sie, um auch mal ein längeres Börsentief aussitzen zu können.

DIE RISIKOFRAGE

Das Pantoffel-Portfolio besteht aus zwei Komponenten: einem Aktienanteil für die Rendite und einem Sicherheitsbaustein aus Tagesgeld oder Renten-ETF (also ETF, die in Anleihen investieren). Vor dem Kauf gilt es zu überlegen, welches Risiko Sie eingehen wollen. Bei einem hohen Anteil an Aktien-ETF müssen Sie sich darauf gefasst machen, dass in einer schlechten Börsenphase das Pantoffel-Portfolio auch mal kräftig an Wert verliert. Umgekehrt bremst ein hoher Anteil des Sicherheitsbausteins den Gewinn, wenn die Börsenkurse nach oben gehen. Sie müssen daher entscheiden, in welchem Umfang Sie Schwankungsrisiken aushalten können und wollen.

Die Standardmischung des Pantoffel-Portfolios besteht je zur Hälfte aus Aktien-ETF und sicheren Anlagen. Hätten die Sparer vor 20 Jahren diese Variante gewählt und 200 Euro pro Monat, also insgesamt 48 000 Euro eingezahlt, besäßen sie heute rund 78 000 Euro. Das entspräche einer Rendite von 4,6 Prozent pro Jahr. Dagegen wären nur etwas mehr als 56 000 daraus geworden, wenn sie es in dieser Zeit ausschließlich in Tagesgeld investiert hätten.

Der maximale Verlust, den Anleger bei einer solchen Mischung zwischenzeitlich aushalten mussten, betrug rund 20 Prozent. Maximaler Verlust bedeutet: So stark ist das Pantoffel-Portfolio in der Standardversion in den letzten zwanzig Jahren maximal vorübergehend abgestürzt.

Wenn Sie eher vorsichtig sind und Ihnen ein zwischenzeitlicher Verlust von 20 Prozent schlaflose Nächte bereiten würde, können Sie den Aktienanteil reduzieren und den sicheren Anteil erhöhen, indem Sie beispielsweise nur 25 Prozent Ihrer Anlagesumme in Aktien und 75 Prozent in sicherere Anlagen stecken. Das ist die defensive Variante. Hier betrug der maximale Verlust im selben Zeitraum nur etwa 9 Prozent. Dafür fiel auch die Rendite in den vergangenen 20 Jahren geringer aus. Sie betrug aber immerhin noch 3,4 Prozent pro Jahr.

Mutige können den umgekehrten Weg gehen und den Aktienanteil auf drei Viertel erhöhen. Dann war aber auch der maximale Verlust mit zirka 30 Prozent deutlich höher als bei der ausgewogenen Variante, die Rendite betrug 5,6 Prozent pro Jahr.

DIE PASSENDEN ETF AUSSUCHEN

Nun geht es daran, die richtigen ETF auszuwählen. Beim Aktienanteil ist es wichtig, dass der ETF die Kundengelder breit streut. Das senkt das Risiko. Deshalb empfiehlt Finanztest, einen ETF auf einen globalen Aktienindex wie den MSCI World zu wählen. Der MSCI World enthält rund 1 600 Aktien aus derzeit 23 Ländern. Sie investieren also mit einem solchen ETF in über 1 600 Unternehmen rund um den Globus. ETF auf den MSCI World gibt es von unterschiedlichen Anbietern. Welche infrage kommen, sehen Sie im Kasten auf S. 193.

Der Sicherheitsbaustein soll für Stabilität sorgen. Daher kommen nicht alle Renten-ETF infrage. Bei Anleihen erhöht es anders als bei Aktien nicht die Sicherheit, wenn Sie das Geld auf Firmen aus aller Welt verteilen. Vielmehr kommt es darauf an, dass die Herausgeber der Anleihen besonders kreditwürdig sind und kein Wechselkursrisiko besteht. Deshalb sind Renten-ETF, die in erstklassige Anleihen aus Euroland investieren, das Mittel der Wahl. Bei ihnen besteht kein Wechselkursrisiko.

Dennoch müssen Sie auch bei Renten-ETF Euro mit Wertverlusten rechnen, und zwar insbesondere dann, wenn die Zinsen am Markt steigen. Die Schwankungen fallen nur sehr viel geringer aus als bei Aktien-ETF.

Weil niemand weiß, wie es mit den Zinsen weitergeht und es gut möglich ist, dass sie wieder steigen, empfiehlt sich derzeit für den Sicherheitsbaustein ein Mix aus Renten-ETF und sicheren Zinsanlagen wie Tagesgeld. Wer es einfach haben möchte, ist momentan mit Tagesgeld gut bedient.

EINMALANLAGE ODER SPARPLAN?

Sie können einmalig eine größere Summe in Ihr Pantoffel-Portfolio stecken oder einen Sparplan abschließen. Allerdings bieten fast nur Onlinebanken ETF-Sparpläne an. Welche Banken besonders günstig sind, sehen Sie auf S. 194.

Bei kleineren Sparplänen kann es vorkommen, dass die Mindestanlagesumme unterschritten wird. In diesem Fall sollten Sie prüfen, ob die Bank nicht alternativ zum monatlichen Sparplan das regelmäßige Sparen in Intervallen von zwei oder drei Monaten anbietet. Dann können Sie Ihr Geld abwechselnd in Aktien und Anleihen investieren, indem Sie beispielsweise in den geraden Monaten für 75 Euro Aktien-ETF und in den ungeraden Monaten für denselben Betrag Renten-ETF kaufen.

Ist dies nicht möglich, können Sie über einen Umweg zum Ziel gelangen: Parken Sie die Sparrate zuerst auf einem Tagesgeldkonto und kaufen Sie dann Ihre ETF-Anteile, wenn genügend Geld beisammen ist, dass für die Transaktion bei der Einmalanlage weniger als 1 Prozent an Ordergebühren anfallen.

AB UND ZU NACHSCHAUEN

Nach dem Kauf können Sie sich zurücklehnen und Ihr Pantoffel-Portfolio sich selbst überlassen. Das macht es so bequem. Es ist aber sinnvoll, etwa einmal im Jahr zu schauen, ob die Gewichtung noch stimmt. Denn es wird vorkommen, dass sich beide Portfolio-Anteile unterschiedlich im Wert entwickeln und sich so mit der Zeit die Gewichtung verschiebt. Laufen beispielsweise die Aktien sehr gut und bringen innerhalb von fünf Jahren ein Renditeplus von 50 Prozent, während der Renten-ETF nur einen Zuwachs von 10 Prozent verbucht, erhöht sich der Aktienanteil. Hätten Sie in diesem Fall ursprünglich je 5 000 Euro in Aktien und Anleihen investiert, läge der Aktienanteil jetzt bei 7 500 Euro und der Anleihenanteil bei 5 500 Euro – das Aktien-Anleihen-Verhältnis hätte sich von ursprünglich 50:50 auf 58:42 erhöht. Auch die umgekehrte Variante ist möglich: Nach ein paar schlechten Börsenjahren kann der Wert des Aktien-ETF gesunken sein, während der Renten-ETF eine positive Entwicklung hingelegt hat. Dann ist der Aktien-ETF untergewichtet.

Wenn der Anteil mehr als 20 Prozent abweicht , sollten Sie die ursprüngliche Gewichtung wiederherstellen. Das bedeutet bei der ausgewogenen Variante: Beträgt die Gewichtung mehr als 60 zu 40 oder weniger als 40 zu 60, sollten Sie aktiv werden. Sie können den entsprechenden Betrag vom einen in den anderen Portfolio-Baustein umschichten.

Bei einem Sparplan ist es am einfachsten, die Sparrate umzulenken: Ist der Aktienanteil zu hoch, stoppen Sie für eine Weile die Einzahlungen in den Aktien-ETF und erhöhen stattdessen die Raten für den Sicherheitsbaustein aus Tagesgeld beziehungsweise Renten-ETF entsprechend, bis das Ausgangsverhältnis wiederhergestellt ist.

Darüber hinaus sollten Sie immer mal wieder prüfen, ob der Anteil Ihres Pantoffel-Portfolios an Ihrem Gesamtvermögen noch zu Ihrer Lebens- und Finanzplanung passt. So ist es etwa sinnvoll, das Geld nach und nach auf sichere Anlagen umzuschichten, wenn Sie es in absehbarer Zeit benötigen.

Das Pantoffel-Portfolio

Das Pantoffel-Portfolio besteht aus zwei Komponenten: einem Aktien-ETF und einem Sicherheitsbaustein.

Für den **Aktienanteil** kommen ETF auf den Weltaktienindex MSCI World infrage. Zum Beispiel:
Comstage (Isin LU 039 249 456 2),
db x-trackers (Isin LU 027 420 869 2)
Die Isin ist eine Kennnummer, die Sie beim Kauf benötigen.

Für den **Sicherheitsbaustein** kommen Tagesgeld oder Euro-Renten-ETF infrage. Beispiele für empfehlenswerte Renten-ETF sowie für weitere Aktien-ETF finden Sie auf S. 208.

Der Aktienanteil lässt sich je nach Risikobereitschaft variieren. Er beträgt
25 Prozent in der defensiven,
50 Prozent in der ausgewogenen und
75 Prozent in der offensiven Variante.

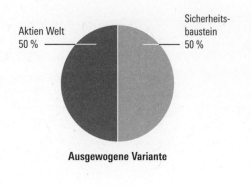

Aktien Welt
50 %

Sicherheitsbaustein
50 %

Ausgewogene Variante

BEIM KAUF SPAREN

Wenn Sie sich mit ETF ein Pantoffel-Portfolio zusammenstellen möchten, benötigen Sie dafür ein Depot bei einer Bank, in dem Sie diese Wertpapiere verwahren. Das ist nicht anders, als wenn Sie Aktien, Anleihen oder Anteile von aktiv gemanagten Fonds kaufen. Diese Leistung lassen sich die Geldhäuser bezahlen. Weil die Preise und Angebote sehr unterschiedlich sind, sollten Sie vor dem Einstieg ins Wertpapiergeschäft die Bank sorgfältig auswählen – und das muss dann nicht zwangsläufig die Hausbank um die Ecke sein.

BRAUCHE ICH BERATUNG?
Als Erstes sollten Sie sich fragen, ob Sie Beratung benötigen. Diese bekommen Sie bei Filialbanken – allerdings nicht geschenkt. Der Preis dafür ist, dass Banken, die Filialen betreiben, in der Regel um einiges teurer sind als Direktbanken, bei denen Sie Bankgeschäfte ausschließlich online oder per Telefon tätigen.

Aber auch bei den Filialbanken gibt es ein paar wenige, die deutlich preiswerter sind als die Konkurrenz. Wenn Sie einmalig eine größere Summe in Ihr Pantoffel-Portofolio stecken möchten, ist beispielsweise die Postbank eine gute Adresse. Schwieri-

ger kann es werden, wenn Sie regelmäßig sparen möchten. Es gibt nur wenige Filialbanken, die Sparpläne auf ETF anbieten. Bundesweite Angebote gibt es von der Commerzbank, der Hypovereinsbank, der Postbank und der Targobank.

DIREKTBANKEN SIND GÜNSTIGER
Wenn Sie auf Beratung verzichten können, kommen Sie um einiges günstiger weg. Während Sie für die Depotführung bei Filialbanken auch bei kleinen Anlagebeträgen schon mal über 50 Euro im Jahr zahlen, ist das Depot bei Direktbanken in der Regel kostenlos. Für den Kauf der ETF-Anteile verlangen Direktbanken bei einer einmaligen Anlage oft nur geringe Gebühren. Viele berechnen die Gebühr prozentual, manche nehmen eine Pauschale oder eine Kombination aus beidem. Am besten schnitten in unserer letzten Untersuchung zu den Einmalanlagen die Direktbanken ab, die sich mit einer Pauschale begnügten, wie die Onvista Bank.

Auch bei Sparplänen ist die Onvista-Bank unschlagbar günstig, denn Sie können sie kostenlos einrichten. Ansonsten hängt es von Ihrer Sparrate ab, welche Bank für Sie am preiswertesten ist. Bei kleinen Monatsraten von je 50 Euro pro ETF sind Anbieter mit prozentualen Gebühren meist die bessere Wahl. In diesem Fall fahren Sie derzeit beispielsweise bei der Comdirect Bank, der Consorsbank, der Wüstenrot-Bank oder der ING-Diba gut – so die Ergebnisse einer Finanztest-Untersuchung. Bei den drei erstgenannten Banken können Sie auch mit Raten von 25 Euro sparen.

Je höher die Raten, desto stärker verkehrt sich allerdings der Vorteil der prozentualen Gebühr ins Gegenteil. Bei einer Rate von 500 Euro würde die ING-Diba derzeit zu den teuersten Direktbanken gehören. Hier ist beispielsweise die DKB, die eine Pauschale von 1,50 Euro berechnet, um einiges günstiger. Aber auch die Wüstenrot-Bank schneidet gut ab.

Tipp: Zusätzlich sparen können Sie, wenn Sie bei einem Sparplan mit einer festen Gebühr die Raten vierteljährlich statt monatlich überweisen. Denn die Gebühr wird für jede Rate fällig.

Darüber hinaus starten Direktbanken immer wieder Sonderaktionen, bei denen sie Sparpläne auf ETF kostenlos anbieten. So können Sie Ihren Pantoffel-Sparplan mit den im Kasten auf S. 193 genannten Indexfonds derzeit komplett kostenlos bestücken. Fündig werden Sie beispielsweise bei der Comdirect Bank, der Consorsbank, DB Maxblue und SBroker. Sie alle haben momentan mindestens einen dieser Fonds als Gratisangebot. Prüfen Sie vor dem Kauf am besten, ob die genannten Konditionen noch gelten.

Entspannt sparen

Klar könnten Sie sich jetzt hinsetzen und ganz genau ausrechnen, welches die optimale Bank für Sie ist. Falls Ihr Spareifer entfacht ist, können Sie sich unter www.test.de, Suchbegriff „ETF-Sparpläne", in unseren Tests schlaumachen. Aber die Details der Preisgestaltung sind kompliziert. Wenn Ihr Eifer in puncto Geldanlegen eher begrenzt ist, müssen Sie sich nicht in die Einzelheiten einfuchsen. Suchen Sie sich einfach unter den genannten Banken die aus, die am besten zu Ihren Plänen passt. Sie haben dann das Sparpotenzial vielleicht nicht bis auf den letzten Cent ausgereizt – aber komplett falsch machen Sie damit nichts.

GESCHLOSSEN?

GESCHLOSSENE FONDS SIND undurchsichtige Beteiligungsmodelle, die mit hohen Risiken verbunden sind und Anlegern oft schon den Totalverlust gebracht haben.

Wer in einen **GESCHLOSSENEN** Fonds investiert, kauft nicht Wertpapiere, sondern Anteile an Schiffen, Ökostromanlagen, Leasingobjekten oder Immobilienprojekten.

Vorsicht, mit geschlossenen Fonds zwängen Sie sich in ein **ENGES KORSETT**: Sie haben eine sehr lange Laufzeit, vorzeitig aussteigen können Sie nicht. Das ist bei Verlustbringern fatal.

HAUPTSACHE FONDS? Von wegen – denn auch Beteiligungsmodelle werden als „geschlossene Fonds" angeboten. Die staatliche Aufsicht ist dürftig, das Risiko hoch. Die Stiftung Warentest hat Mitte 2015 gut 1100 Beteiligungsmodelle analysiert. Ergebnis: Statt der in Aussicht gestellten 40 Milliarden Euro Gewinn machten die Anleger mehr als 8 Milliarden Euro Verlust.

OFFEN!

OFFENE INVESTMENTFONDS werden von der Finanzaufsicht kontrolliert und investieren überwiegend in börsengehandelte Wertpapiere.

Offene Immobilienfonds besitzen im Gegensatz zu geschlossenen Immobilienfonds viele **UNTERSCHIEDLICHE** Immobilien, sodass das Risiko breiter gestreut ist.

Einen offenen Fonds erkennen Sie an der Wertpapier-Kennnummer (Isin) sowie daran, dass Sie die Anteile **TÄGLICH** zurückgeben können.

OFFEN IST BESSER: Wenn Finanzverkäufer einen „Fonds" empfehlen, ist nicht immer gleich klar, um welche Variante es sich handelt. Prüfen Sie kritisch, ob Ihnen ein offener Investmentfonds oder ein geschlossenes Beteiligungsmodell angeboten wird. Nur offene Fonds bieten Ihnen die Möglichkeit, sich jederzeit von Ihren Anteilen wieder trennen zu können.

Flop 1:
Umweltfonds

Flop 2:
Medienfonds

GRÜNES INVESTMENT ist der Garant für rote Zahlen – zumindest wenn es über die Beteiligung an einem geschlossenen Fonds erfolgt. So kann das Ergebnis betitelt werden, das die große Analyse von Beteiligungsmodellen durch die Stiftung Warentest Mitte 2015 brachte. Egal ob Photovoltaik-Großanlage oder Windpark: Kein einziger der 49 untersuchten geschlossenen Umweltfonds war in der Lage, seine Renditeprognosen zu erfüllen. Die Flopquote liegt damit bei exakt 100 Prozent.

VIEL FANTASIE und wenig Realität gab es bei den Beteiligungsanbietern, die Geld für die Finanzierung von Filmprojekten einwerben. Die 27 analysierten Medienfonds hatten den Anlegern 1,5 Milliarden Euro Gewinn in Aussicht gestellt – doch am Ende mussten die Investoren eine Milliarde Euro in den Wind schreiben. Einziger Lichtblick: Dank des Wegfalls von Steuervorteilen sind Medienfonds inzwischen so uninteressant geworden, dass sie praktisch vom Markt verschwunden sind.

Flop 3: Immobilienfonds

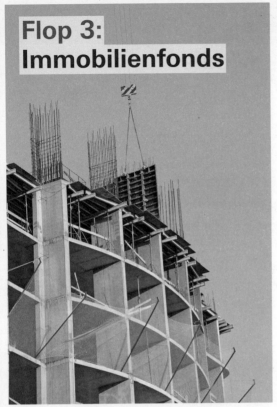

Flop 4: Schiffsfonds

BEI GESCHLOSSENEN IMMOBILIENFONDS lässt das „Betongold" jeden Glanz vermissen. Die Initiatoren der 462 untersuchten Fonds warben von Anlegern fast 20 Milliarden Euro an Kapital ein und stellten bis zum Ende der Laufzeit 27 Milliarden Euro Gewinn in Aussicht. Bis heute beträgt jedoch unterm Strich der Gesamtverlust 1,5 Milliarden Euro. Wer sein Geld als Anleger in ambitionierte Immobilienprojekte gesteckt hat, der hat ganz überwiegend auf Sand gebaut.

IN SCHWERE SEENOT geraten sind viele Schiffsfonds, als nach Ausbruch der Finanzkrise im Jahr 2009 die Charterraten für den internationalen Frachtverkehr in den Keller rauschten. Bis heute hat sich die Branche noch nicht davon erholt, und so ist die Bilanz für Schiffsfondsanleger tiefrot. Geplant war, dass die 601 untersuchten Fonds einen Gewinn von 10,5 Milliarden Euro einfahren. Traurige Realität bislang: Ein Verlust von mehr als 5 Milliarden Euro.

ALLES GOLD, WAS GLÄNZT?

EDELMETALLE, IMMOBILIEN, ROHSTOFFE & CO.:
Sachwerte schützen nicht immer vor Verlusten.

Je größer die Angst vor Wirtschaftskrisen, Geldentwertung oder gar einer Währungsreform, umso beliebter werden **SACHWERTE**. Doch das Vertrauen in deren Wertstabilität ist nur allzu oft trügerisch.

Wenn Anleger dem Finanzsystem nicht mehr so recht trauen wollen, wie nach der Finanzkrise 2008 oder später während der Schuldenkrise südeuropäischer Euro-Länder, schlägt die große Stunde der Sachwerte-Verkäufer. Ob Immobilien, Gold, Unternehmensbeteiligungen oder Edelsteine: Was man anfassen kann, das kann doch im Gegensatz zum abstrakten Geld seinen Wert nicht verlieren, so das Argument der Anbieter. Die Realität hat allerdings gezeigt, dass Anleger auch mit scheinbar krisensicheren Sachwerten herbe Verluste einfahren können.

GOLD UND ANDERE EDELMETALLE

Wenn alle Währungssysteme zusammenbrechen, dann wird nur Gold das Überleben sichern, behaupten Crashpropheten jeglicher Couleur. Diese weitverbreitete Ansicht treibt den Goldpreis in Krisenzeiten nach oben – so etwa im Verlauf der Euro-Schuldenkrise, als im Herbst 2012 der Preis für eine Unze Gold auf mehr als 1300 Euro kletterte. Doch schon ein Jahr später rutschte der Goldpreis wieder unter die 1 000-Euro-Marke und bescherte den Krisenkäufern einen Verlust von 25 Prozent.

Ähnlich sieht es bei anderen Edelmetallen aus. Auch deren Preise schwanken stark und sind kaum prognostizierbar. Wie bei fast jedem anderen Produkt hängt auch bei Gold, Platin & Co. der Preis ausschließlich von Angebot und Nachfrage ab. Und weil Gold weder Zinsen noch Dividenden erwirtschaftet, hängt der Gewinn ausschließlich davon ab, ob zum Zeitpunkt des Verkaufs der Goldpreis höher ist als zum Zeitpunkt des Erwerbs.

Dazu kommt, dass Goldinvestments häufig in Form von Zertifikaten angeboten werden. Geht der Anbieter des Zertifikats pleite, ist das Geld weg. Krisenfest sieht anders aus.

Und wer in Sachen Finanzkrise auf Nummer sicher gehen will und das Gold in Form von Münzen oder Barren zu Hause aufbewahrt, muss mit einem Risiko ganz anderer Art rechnen: Wenn Einbrecher in die Wohnung eindringen und fündig werden, ist es mit der Krisenvorsorge ebenfalls vorbei. Ein schwerer und gut gesicherter Tresor, der das gelagerte Edelmetall vor Dieben schützt, ist wiederum mit hohen Investitionskosten verbunden, die letztlich die Rendite des Goldinvestments schmälern.

IMMOBILIEN ALS KAPITALANLAGE

Wer in Immobilien investiert, sichert sein Vermögen gegen die schleichende Geldentwertung durch die Inflation ab, so lautet das Mantra von Maklern und Bauträgern. Doch die Immobilienpreise steigen nicht immer automatisch mit der Inflationsrate. Der Wert eines Grundstücks hängt maßgeblich von der Qualität der Lage und der regionalen Wirtschaftskraft ab – und wenn eine Region auf dem absteigenden Ast ist, sinken dort ganz unabhängig von der Inflation die Immobilienpreise. Dazu kommt, dass von der Wertsteigerung einer Immobilie die Kaufnebenkosten und Erhaltungsaufwendungen abgezogen werden müssen.

Und: Bei der Vermietung entspricht die Nettokaltmiete nicht der Nettorendite. Als Wohnungseigentümer können Sie nicht alle Nebenkosten auf den Mieter abwälzen, sondern müssen bestimmte Ausgabenposten wie die Gebühren der Hausverwaltung oder die Einzahlungen in die Instandhaltungsrücklage selbst tragen. Renditeeinbußen entstehen oft auch bei einem Mieterwechsel. Läuft es schlecht, müssen Sie womöglich einige Monate Mietausfall durch Leerstand verkraften sowie mit zusätzlichen Kosten für Inserate oder einen Makler bei der Suche nach einem neuen Mieter rechnen.

Damit bleibt am Ende nur eine vernünftige Nettorendite übrig, wenn die Immobilie klug ausgewählt, günstig gekauft und stets gut vermietet worden ist. Bei der indirekten Kapitalanlage in Form von Beteiligungsmodellen sind Enttäuschungen praktisch programmiert, weil die hohen Provisions- und Verwaltungskosten oft den Gewinn zunichtemachen (siehe S. 196).

DIAMANTEN UND ANDERE EDELSTEINE

Bekanntlich sind Diamanten „a girl's best friend" – aber taugen sie auch als Schmuckstück in Ihrem Vermögensmix? Die klare Antwort: nein. Lassen Sie sich nicht von unseriösen Finanzverkäufern locken, die mit „Anlagediamanten" für eine angeblich hochkarätige Kapitalanlage werben, die sich überdies im schlimmsten Krisenfall als Fluchtwährung in die Unterwäsche einnähen lässt.

Selbst wenn Sie echte Qualitätsdiamanten erwerben, ist ein späterer Verkauf oft mit Verlusten verbunden, da Juweliere Edelsteine nur mit Einkäuferabschlag erwerben. Dazu kommt, dass der Handel mit Edelsteinen umsatzsteuerpflichtig ist. Für private Investoren, die gezahlte Umsatzsteuer gegenüber dem Fiskus nicht als Vorsteuer geltend machen können, ist damit jedes Kaufgeschäft mit einem Kostensatz von 19 Prozent verbunden, weil der Händler Umsatzsteuer in entsprechender Höhe abführen muss.

Aber meistens kommt es noch schlimmer, weil sich die fachlich unbedarften Anleger auf die Angaben unseriöser Anbieter verlassen und statt des aufgeschwatzten Diamanten in Topqualität einen minderwertigen Diamanten erworben haben. Solche drittklassigen Steine bringen beim Verkauf allenfalls einen winzigen Bruchteil des völlig überhöhten Verkaufspreises. Dasselbe gilt natürlich auch für andere Edelsteine.

Das Fazit kann daher nur lauten: Kaufen Sie die glitzernden Steine am besten bestimmungsgemäß – als Schmuck und nicht als Geldanlage.

KUNST UND RARITÄTEN

Immer mal wieder wird in Wirtschafts- oder Finanzmagazinen davon berichtet, wie Sammler mit Kunst, Antiquitäten, Oldtimern oder wertvollen Weinen hohe Gewinne erzielen. Bevor Sie sich überlegen, als Laie oder Amateursammler in solchen Märkten zu investieren, sollten Sie sich vor Augen halten: Berichtet wird mit Vorliebe über die seltenen Glücksgriffe von professionellen Investoren. Wie viele sich mangels fundierter Sachkenntnis mit Sammlerstücken schon verspekuliert haben, bleibt hingegen meist unerwähnt.

FAZIT: DER MARKT BESTIMMT DEN PREIS

Lassen Sie sich vom vermeintlichen Glanz der Sachwerte nicht blenden. Wenn es am Ende darum geht, wie viel Rendite Sie mit einer Kapitalanlage erzielen, entscheidet bei Sachwerten der Verkaufspreis – und dieser unterliegt den Schwankungen des Marktes. Das könnte im schlimmsten Fall heißen: Wenn eine Krise so gravierend ist, dass sich kaum noch jemand Immobilien, Edelmetalle oder Sammlerstücke leisten kann, rauschen die Preise für die angeblich so krisensicheren Sachwerte in den Keller.

Etwas provokant formuliert: Wenn Sie eine große Krise befürchten, ist es besser, das Geld in einen Schrebergarten zu investieren. Von dessen Ertrag können Sie abbeißen – und das kann in Krisenzeiten Gold wert sein.

9 %

Verlust verbuchte der Goldmarkt **innerhalb eines einzigen Handelstages** am 15. April 2013 – das war der höchste Tagesverlust seit 1983.

33 %

der Eigentümer von vermieteten Wohnungen erzielen keine Rendite oder **machen mit ihrer Immobilienanlage sogar Verlust**, sagt eine Studie des Wirtschaftsforschungsinstituts DIW aus dem Jahr 2014. Nur knapp einer von fünf Vermietern kann eine Rendite von mehr als 5 Prozent erwirtschaften.

19 %

Mehrwertsteuer sind im Kaufpreis enthalten, wenn Sie in Deutschland einen **Diamanten kaufen**. Erst wenn die Wertsteigerung höher ist als die Steuer, kommen Sie als Investor überhaupt in die Gewinnzone.

ÖKOLOGISCH INVESTIEREN?

VIELE ÖKO-INVESTMENTS haben Anlegern herbe Verluste beschert – darunter vor allem Beteiligungsmodelle des grauen Kapitalmarkts.

Leider verbirgt sich oft ein knallhartes Geschäftsmodell unter dem **GRÜNEN DECKMANTEL** Wer wirklich grün investieren will, muss sich ausführlich informieren. Das geht nicht nebenbei.

Der Kauf von geschlossenen Öko-Fonds hat nur einen **GERINGEN EFFEKT** in puncto Nachhaltigkeit – denn das meiste Geld bekommt der Verkäufer der Fonds.

ROTE ZAHLEN MIT GRÜNEN ANLAGEN: Das ist die Realität bei vielen ökologischen Beteiligungsmodellen. Oft haben das Wohl der Umwelt und die Rendite für den Anleger nur nachrangige Bedeutung. Ökologische Ziele werden häufig nur als werbewirksamer Aufhänger eingesetzt, um bei umweltbewussten Kapitalanlegern Geld für wirtschaftlich fragwürdige Projekte lockerzumachen.

ÖKOLOGISCH HANDELN!

NICHT NUR FÜR DIE UMWELT, sondern auch für den Geldbeutel bringt es mehr Gewinn, ökologisch zu handeln anstatt Geld in grüne Investmentprojekte zu stecken.

Öfter mal das Fahrrad nehmen: So erzielen Sie einen **GRÜN-EFFEKT** ohne Risiken. Es spart Sprit und schont die Umwelt.

Wird die Wohnung mit 80 Watt **LED-LICHT** statt mit 400 Watt Halogen beleuchtet, haben Sie nach 2 500 Betriebsstunden weit über 200 Euro an Stromkosten gespart.

GRÜNER GEWINN IM ALLTAG: Wenn Sie Geld für den ökologischen Fortschritt gewinnbringend einsetzen wollen, sollten Sie nicht den Kapitalmarkt, sondern Ihren ganz persönlichen Alltag im Blick haben. Oft können sich Investitionen in die Senkung des Energieverbrauchs innerhalb kurzer Zeit amortisieren, sodass Ihnen die daraus resultierenden Ersparnisse eine ganz reale Rendite bringen.

Service

DIE BESTEN IM TEST

Die Stiftung Warentest prüft regelmäßig Finanzprodukte, um die besten Angebote für Sie in Erfahrung zu bringen. Wir haben hier die Ergebnisse der Tests aufgeführt, die bis zum 2. Januar 2018 vorlagen und dabei nicht älter als zwei Jahre waren.

Am besten schauen Sie auf unserer Webseite **www.test.de**, ob es inzwischen aktuellere Untersuchungen gibt. Dort und in unseren monatlich erscheinenden Ausgaben von **Finanztest** finden Sie auch die ausführlichen Testergebnisse und weitere Informationen zu den Themen Geldanlage, Onlinebanking, Eigenheimfinanzierung, Versicherungen und Altersvorsorge.

GELDANLAGE

Tagesgeld
Als dauerhaft gut bewerten wir Banken, deren Tagesgeld in den vergangenen 24 Monaten **mindestens 22 Mal** bei einem Anlagebetrag von 5 000 Euro zu den besten 20 Angeboten ohne Befristung gehörte. Dazu gehörten:
▶ Advanzia Bank, Autobank, Cosmos-Direkt, Denizbank, Ikano Bank, Lease-Plan Bank, MoneyYou, NIBC Direct, Opel Bank, PSA Direktbank, Rabo Direct, Renault Bank, Yapi Kredi Bank.

Da sich die Konditionen bei Tagesgeldkonten schnell ändern, sollten Sie die Angebote am besten aktuell vergleichen. Teilweise verlangen die Banken eine Mindestanlagesumme. Achten Sie auch darauf, ob diese für Sie akzeptabel ist.

Festgeld
Die besten Angebote bei einer Laufzeit von **drei Jahren** waren Mitte November 2017 bei folgenden Banken zu haben:
▶ Bank 11, Close Brothers, Crédit Agricole Consumer Finance, Eurocity Bank, Denizbank, Vakifbank, Yapi Kredi Bank.

Bei der Suche nach den **besten Zinsen** für Tagesgeld und Festgeld ohne vorzeitige Kündigungsmöglichkeit mit Laufzeiten zwischen einem Monat und zehn Jahren hilft Ihnen der Produktfinder Zinsen unter www.test.de/zinsen weiter.

ETF fürs Pantoffel-Portfolio
Wir empfehlen die von uns als 1. Wahl ausgezeichneten marktbreiten ETF.

Unter den **Aktien-ETF auf den MSCI World** sind dies aktuell zum Beispiel:

- Amundi (Isin FR 001 075 609 8)
- Comstage (Isin LU 039 249 456 2)
- db x-trackers (Isin LU 027 420 869 2)
- HSBC (Isin DE 000 A1C 9KL 8)
- iShares (Isin IE 00B 4L5 Y98 3)
- Lyxor (Isin FR 001 031 577 0)
- Source (Isin IE 00B 60S X39 4)
- UBS (Isin LU 034 028 516 1)

Unter den **ETF auf Euro-Anleihen** gehören dazu derzeit:

- SPDR Barclays Euro Aggregate Bond (Isin IE 00B 3DK XQ4 1)
- iShares Euro Aggregate Bond (Isin IE 00B 41R YL6 3)

Bei der Suche nach Informationen zu ETF hilft der Produktfinder Fonds unter www.test.de/fonds. Er ist teilweise kostenpflichtig.

EIGENHEIMFINANZIERUNG

Eine Liste der derzeit **günstigsten Kredite** können Sie kostenlos unter www.test.de/immobilienkredit-pdf abrufen.

Riester-Bausparen

Spitzenreiter bei unserem Test im November 2017 waren je nach Modellfall Schwäbisch Hall, LBS Ost, Deutsche Bank Bauspar und LBS Saar. Lassen Sie sich von diesen günstigen Bausparkassen persönliche Angebote erstellen. Beim Vergleich von Angeboten hilft Ihnen unser kostenloser Excel-Rechner unter www.test.de/bausparrechner. Die ausführlichen Testergebnisse finden Sie unter www.test.de/riester.

VERSICHERUNGEN

Private Haftpflichtversicherung

Die beste Absicherung für Familien boten im Test vom September 2017 die Tarife „Ambiente Top" der Basler, der „Klassik-Garant Exklusiv" der VHV und der „Rundum Sorglos" des HDI.

Wohngebäudeversicherung

Da die Preise für ein und dasselbe Haus um einige Hundert Euro auseinanderliegen können, sollten Sie immer mehrere Angebote einholen, bevor Sie sich entscheiden. Empfehlenswerte Tarife finden Sie in unserer letzten Untersuchung in Finanztest 06/2016.

Hausratversicherung

Die aktuellen Testergebnisse finden Sie in der Finanztest-Ausgabe Oktober 2016. Günstige und passende Hausratsversicherungen für Ihren individuellen Bedarf ermittelt unsere Analyse. Sie kostet 7,50 Euro (www.test.de/analyse-hausrat).

Elementarschaden-Zusatzversicherung

Diese Versicherung lässt sich nur in Verbindung mit einer Hausrat- oder Wohngebäudeversicherung abschließen. Die genauen Testergebnisse können Sie in der Finanztest-Ausgabe Mai 2016 beziehungsweise Oktober 2016 oder unter www.test.de gegen eine geringe Gebühr nachlesen.

Gesetzliche Krankenversicherung

Neben den gesetzlich festgelegten Leistungen bieten die Kassen einige Extras. So zahlen einige erhöhte Zuschüsse für eine Kinderwunschbehandlung oder unterstützen eine professionelle Zahnreinigung. Einen genauen Überblick zu den Leistungen bietet der **Produktfinder Krankenkassen** unter www.test.de/krankenkassen.

Hier können Sie entsprechend Ihren individuellen Wünschen eine Kassenauswahl treffen: So können Sie alle Beitragssätze und Extraleistungen der Kassen vergleichen sowie Ihre eventuelle Kostenersparnis im Falle eines Kassenwechsels berechnen. Gegen eine Gebühr von 3,50 Euro können Sie die Datenbank vier Wochen lang nutzen.

Berufsunfähigkeitsversicherung

Spitzenreiter im Test vom Juni 2017 waren die Tarife von Europa (SBU E-BU), Hannoversche (SBU 17 B1) sowie Alte Leipziger (SBU BV 10 BV 11).

Für die Modellkunden Industriemechaniker und medizinische Fachangestellte war der Tarif der Hannoverschen auch der günstigste unter den besten. Beim Diplomkaufmann war die Huk24 (SBU 24 Premium) besonders günstig.

Autoversicherung

Besonders günstig mit den von uns empfohlenen Leistungen waren im Test vom Oktober 2017 Haftpflicht plus Teilkasko bei folgenden Versicherungen:

▶ **für 20-Jährige:** Baden-Badener (Komfort), DA Deutsche Allgemeine (Komfort inkl. Zusatz), Allsecur (Premium), Axa Easy (Mobil Online Extra), Huk24 (Classic) und Sparkassen Direktversicherung (AutoPlusProtect)

▶ **für 40-Jährige:** Baden-Badener (Komfort), DA Deutsche Allgemeine (Komfort inkl. Zusatz) und Verti (Klassik)

▶ **für 70-Jährige:** èBaden-Badener (Komfort) und DA Deutsche Allgemeine (Komfort inkl. Zusatz).

▶

Günstige Verträge mit den von uns empfohlenen Leistungen für Haftpflicht und Vollkasko erhielten Sie bei folgenden Anbietern:

▶ **für 20-Jährige:** Allsecur (Premium), Huk24 (Classic, Classic Kasko Plus), Huk-Coburg Allgemeine (Classic, Clas-

sic Kasko Plus), Sparkassen Direktversicherung (AutoPlusProtect)
- **für 40- und 70-Jährige:** Verti (Klassik, Premium bzw. Klassik).

Auslandsreise-Krankenversicherung
Umfangreichen Schutz für Familien boten die Testsieger DKV (ReiseMed Tarif RD) und Ergo Direkt (Tarif RD). Kinder sind in den Tarifen bis zum 18. Geburtstag versichert. Ältere Kinder bis einschließlich 24 Jahre sind beim Münchner Verein sehr gut mitversichert. Testsieger bei den Tarifen für Einzelpersonen waren ebenfalls DKV und Ergo Direkt. Weitere Details zu Auslandsreise-Krankenversicherungen für Urlaubsreisen finden Sie in Finanztest 4/2017, für lange Auslandsreisen in Finanztest 10/16 oder unter www.test.de.

Risikolebensversicherung
Bei den Modellfällen im Test vom Mai 2017 tauchten unter den günstigsten Anbietern häufig auf: Basler, CosmosDirekt, Credit Life, Europa, Hannoversche, Huk24, Interrisk und WGV. Günstige Tarife für Ihren individuellen Bedarf ermittelt unsere Analyse. Sie kostet 10 Euro (www.test.de/analyse-risikoleben).

Reiserücktrittsversicherung
Bei Einzelreisen war die TravelSecure/Würzburger (Topschutz ohne SB) Testsieger. Ihr folgten die Signal Iduna (Reise-Rücktrittsversicherung ohne SB) und die ERV (Reiserücktritts-Versicherung (mit Reiseabbruchversicherung) ohne SB).
Bei den Jahresverträgen lagen die TravelSecure/Würzburger (Jahres-Reise-Karte Basispaket ohne SB), die ERV (Jahres-Reiserücktrittsversicherung (mit Reiseabbruchversicherung) ohne SB) sowie die Europ Assistance (Reiserücktrittsversicherung ohne SB) vorn. Die Details finden Sie in Finanztest 6/16 oder unter www.test.de.

Hunde- und Pferdehaftpflichtversicherung
Das günstigste Angebot für Hunde war im Test vom März 2016 das der NV (Premium). Bei den Pferden war dieses Angebot das zweitgünstigste. Nur die GVO mit ihrem Internetangebot Smart and easy war noch etwas preiswerter.

ALTERSVORSORGE
Riestern
Eine Übersicht zu allen Riester-Anlageformen und Links zu den Tests der Produkte finden Sie unter www.test.de/riester. Am besten, Sie sehen dort aktuell nach.

Riester-Banksparpläne

Das Geschäft mit Riester-Banksparplänen ist eingeschlafen. Obwohl diese häufig günstige und flexible Riester-Variante für viele Sparer optimal war, bieten immer weniger Banken Produkte an.

Überregional boten im Oktober 2017 nur die Sparkasse Holstein und die Sparkasse Niederbayern-Mitte Bansparpläne an. Beide Angebote waren aber nur durchschnittlich. Das Gleiche gilt für die nur regional arbeitende Stadtsparkasse Mönchengladbach. Folgende Banken boten regional Riester-Banksparpläne an, haben sich aber nicht an unserer Untersuchung beteiligt: Kreis-Sparkasse Northeim, Kreissparkasse Verden, Mainzer Volksbank, Sparkasse Aachen, Sparkasse Bamberg, Sparkasse Donauwörth, Sparkasse Pforzheim Calw.

Riester-Fondssparpläne

In unserem Test im Oktober 2017 boten die UniProfiRente und UniProfiRente Select, jeweils mit dem Fonds Uni-Global Vorsorge, die besten Renditechancen. Bei den Sparplänen mit moderatem Risiko eignete sich die UniProfiRente Select mit dem Fonds UniGlobal II. Von den Riester-Fondssparplänen mit geringem Risiko können wir Sutor Fairriester 2.0 sowie DWS TopRente Balance und DWS RiesterRente Premium Balance empfehlen.

Riester-Rentenversicherung

Die besten Verträge waren im Oktober 2017 die Riester-Rente Klassik der Allianz sowie die Riester Care der Hanse Merkur und die Riester Rente der Huk 24.

Vermögenswirksame Leistungen (VL)

Fürs **VL-Fondssparen** sind Indexfonds (ETF) die beste Wahl. Empfehlenswerte ETF auf den Aktienindex MSCI World sind:

- ▶ db x-trackers (Isin LU 027 420 869 2)
- ▶ Comstage (Isin LU 039 249 456 2)

Empfehlenswerte ETF auf einen europaweit streuenden Index sind:

- ▶ iShares (Isin DE 000 263 530 7)
- ▶ db x-trackers (Isin LU 027 420 923 7, LU 032 847 579 2)
- ▶ Comstage (Isin LU 037 843 458 2)

Günstig bekommen Sie diese Fonds bei den Internetanbietern Comdirect und Finvesto. Bei Filialbanken sind die von uns empfohlenen ETF als VL-Sparplan nicht erhältlich. Nur die Commerzbank bietet eine Vielzahl von ETF an.

Wenn Sie sich ganz klassisch für einen **VL-Banksparplan** entscheiden, dann bietet Ihnen die Degussa Bank mit 2,75 Prozent zurzeit die beste Rendite.

WIE SICHER IST MEIN GELD BEI DER BANK?

Wie Sie bereits auf S. 30 gelesen haben, sind bei allen Banken mit Sitz in Deutschland Einlagen bis zur Höhe von 100 000 Euro geschützt. Bei einigen Banken ist aber weit mehr abgesichert. Wer mehr als 100 000 Euro anlegen möchte, findet hier die Details. Aber Vorsicht: Die Einlagensicherung gilt nur für simple Sparanlagen wie Tages-, Festgeldkonten und Banksparpläne, nicht für Wertpapiere, die Sie bei einer Bank kaufen.

Deutsche Privatbanken

Deutsche Privatbanken und private Bausparkassen sichern die Guthaben ihrer Kunden bis 100 000 Euro pro Anleger und Bank über die Entschädigungseinrichtung deutscher Banken (EdB), eine Tochter des Bundesverbands deutscher Banken (BdB). Die meisten sind zusätzlich Mitglied im freiwilligen Einlagensicherungsfonds des BdB. Er sichert Spargeld in Millionenhöhe ab. Mitglieder sind die großen deutschen Filialbanken wie Commerzbank, Deutsche Bank, HypoVereinsbank und Postbank, aber zum Beispiel auch Akbank, GE Capital Direkt, ING-Diba, Isbank, Oyak Anker Bank, Santander Bank und Ziraat Bank. Nicht Mitglied im freiwilligen Sicherungsfonds sind die privaten Bausparkassen sowie akf bank, Deutsche Handelsbank, Eurocity Bank, FFS Bank, Fidor Bank, HKB Bank, MHB Bank, Net-m Privatbank 1891, Opel Bank, PSA Direktbank, Solarisbank, SWK Bank, Umweltbank, Varengold Bank. Dort sollten Sie nicht mehr als 100 000 Euro in Sparanlagen stecken.

Sparkassen

Deutsche Sparkassen haben zusätzlich zur Einlagensicherung eine Institutssicherung. Sie verhindert, dass Sparkassen pleitegehen. Zur Not wird die Pleite verhindert, indem eine andere Sparkasse das marode Institut übernimmt. Guthaben von Sparern sind so in unbegrenzter Höhe geschützt.

Volks-, Raiffeisen-, Sparda- und PSD-Banken

Auch die Genossenschaftsbanken haben zusätzlich zur gesetzlichen Einlagensicherung eine Institutssicherung, die sie verpflichtet,

Mitgliedsinstituten zu unterstützen, wenn diese in Schieflage geraten. Und auch hier kommt es gelegentlich zu Fusionen. Spargeld ist so in unbegrenzter Höhe geschützt.

Ausländische Banken mit Sitz in der EU
Spargeld bei ausländischen Banken mit Sitz in der EU ist bis zu 100 000 Euro pro Kunde und Bank durch die europäische Einlagensicherung geschützt. Einige ausländische Banken sind zusätzlich Mitglied im freiwilligen Einlagensicherungsfonds des deutschen BdB, so etwa die Consorsbank. Bei ihnen ist Spargeld in Millionenhöhe sicher. Wegen einer fehlenden gemeinsamen europäischen Einlagensicherung gibt es aber Länder, deren Einlagensicherung aus Sicht der Stiftung Warentest derzeit nicht empfehlenswert ist (siehe auch die Grafik auf S. 31). Die folgenden Banken aus diesen Ländern machen aktuell Angebote in Deutschland. Sie bieten teilweise höhere Zinsen als Banken aus sicheren EU-Ländern. Dennoch raten wir nach jetzigem Stand davon ab:

- **Bulgarien:** Bulgarian-American Credit Bank, Fibank
- **Estland:** Bigbank, Inbank, Versobank
- **Griechenland:** Piraeus Bank
- **Irland:** AIB (Allied Irish Banks)
- **Italien:** Banca Farmafactoring, Banca Progetto, Banca Sistema, IWBank, Imprebanca, Südtiroler Sparkasse
- **Kroatien:** Banka Kovanica, KentBank, J&T Banka Kroatien, Podravska Banka
- **Lettland:** AS PrivatBank, Baltic International Bank, BlueOrange Bank, CBL Bank, Rietumu Bank
- **Litauen:** Medicinos Bancas
- **Malta:** Ferratum Bank, Fimbank
- **Polen:** Alior Bank, Bos Bank
- **Portugal:** Atlantico Europa, Banco BNI Europa, Banco Português de Gestão, BiG Banco de Investimento Global, Haitong Bank, Novo Banco
- **Rumänien:** Alpha Bank Romania, Libra Internet Bank
- **Slowakei:** Postova Banka, Privatbanka
- **Tschechien:** Expobank, J&T Banka

Was der geplante Brexit ändert
Am 23. Juli 2016 stimmten die Briten mehrheitlich dafür, aus der Europäischen Union auszutreten. Sparer mit Tagesgeld- und Festgeldkonten brauchen sich aber keine Sorgen um ihr Erspartes auf der Insel zu machen. Geht eine britische Bank pleite, ersetzt die staatliche britische Einlagensicherung FSCS jedem Kunden weiterhin automatisch sein Geld. Einen Unterschied sollten Sie allerdings beachten: Die FSCS sichert nur maximal 85 000 britsche Pfund, umgerechnet Mitte November 2017 rund 96 000 Euro, ab. Mehr sollten Sie dort nicht investieren.

HILFE BEI FALSCHBERATUNG UND STREITFÄLLEN

Haben Sie den Verdacht, falsch beraten worden zu sein, oder gibt es andere Probleme mit Ihrer Bank oder Versicherung, sollten Sie sich zunächst dort beschweren. Bringt das keinen Erfolg, sind Ombudsleute eine gute Adresse. Um Kunden beim Ärger mit Finanzinstituten eine Alternative zum teuren Gang vors Gericht zu bieten, haben Banken und Versicherungen Schlichtungsstellen eingerichtet. Dort prüfen Ombudsleute die Beschwerden von Kunden und unterbreiten den Beteiligten einen Vorschlag zur Lösung des Konflikts.

Allerdings kann es je nach Zugehörigkeit der Bank oder Versicherung zu einem bestimmten Marktsegment sein, dass der Spruch des Schlichters für das Unternehmen nur bis zu einer bestimmten Betragsgrenze bindend ist oder sogar gar keine Verpflichtung nach sich zieht. In jedem Fall aber lohnt der Versuch. Die Bearbeitung ist kostenlos, lediglich Aufwendungen für Telefon und Porto werden im Einzelfall in Rechnung gestellt. Den Kunden ist freigestellt, ob sie den Schlichterspruch akzeptieren oder im Anschluss doch Klage einreichen. Unabhängig vom Ausgang schafft das Schlichtungsverfahren einen Zeitvorteil, weil mit dem Einreichen des Antrags die Verjährungsfrist gehemmt wird. Dieser Zeitgewinn lässt sich bei Bedarf nutzen, um ohne Termindruck eine Klage vorzubereiten.

Schlichtungsstellen der Banken

Eine kostenlose Adressliste der zahlreichen Schlichtungsstellen der Banken und Sparkassen finden Sie auf unserer Homepage unter www.test.de, Suchwort „Bankschlichtungsstellen".

Schlichtungsstellen der Versicherer

Der Ombudsmann für Versicherungen kümmert sich um alle Beschwerden, die nicht die private Krankenversicherung betreffen:
Versicherungsombudsmann e.V., Postfach 08 06 32, 10006 Berlin, Tel. (0 800) 3696 000
E-Mail: beschwerde@versicherungsombudsmann.de.
Für private Krankenversicherungen ist eine andere Beschwerdestelle zuständig:
Ombudsmann Private Kranken- und Pflegeversicherung, Postfach 06 02 22, 10052 Berlin
Tel. (0 800) 255 0444
E-Mail: ombudsmann@pkv-ombudsmann.de

FACHBEGRIFFE ERKLÄRT

Agio
→ Ausgabeaufschlag.

Aktie
Eine Aktie ist ein Anteilsschein, mit dem Sie einen Bruchteil eines Unternehmens kaufen. Dadurch werden Sie Miteigentümer einer Aktiengesellschaft (AG) und sind an deren Erfolg oder Misserfolg beteiligt. Aktien bieten keine festen Erträge. Sie profitieren nur dann von Ihrer Investition, wenn es dem Unternehmen gutgeht.

Aktien-ETF
ETF, die einen Aktienindex abbilden (→ ETF).

Aktienindex
→ Index.

Anlagezertifikat
Ein Anlagezertifikat ist in juristischer Hinsicht eine Anleihe. Das bedeutet vereinfacht: Die Bank leiht sich beim Käufer der Anleihe Geld, das sie ihm nach Ende der Laufzeit mit Zinsen zurückzahlt. Nur gibt es bei Zertifikaten anders als bei klassischen Anleihen in aller Regel weder einen Festzins noch einen zuvor

festgelegten Rückzahlungsbetrag. Der Wert hängt vielmehr davon ab, was in den Bedingungen steht – und das kann ganz unterschiedlich sein. Meist bezieht sich ein Zertifikat auf einen Basiswert, etwa in Form eines Aktienkurses, Rohstoffpreises oder Wertpapierindex. Die Konstruktionen sind oft kompliziert und auch für Experten kaum zu durchschauen.

Anleihe
Im Gegensatz zu Aktien bringen Anleihen regelmäßige Zinsen und haben eine feste Laufzeit. Im Grunde sind sie eine Art Schuldschein eines Unternehmens oder Staates, dem Sie mit dem Kauf der Anleihe Geld leihen. Je kreditwürdiger der Herausgeber der Anleihe ist, desto sicherer ist es, dass er das Geld zurückzahlt. Es gibt sehr sichere Anleihen wie die des deutschen Staates, aber auch sehr unsichere wie die von Schwellenländern. Geht der Herausgeber der Anleihe pleite, kann es sein, dass Sie Ihr Geld gar nicht zurückbekommen. Anleihen werden auch als Rentenpapiere, Schuldverschreibungen oder Bonds bezeichnet.

Ausgabeaufschlag (Agio)
Der Ausgabeaufschlag ist eine Art Kaufgebühr für Fonds. Wenn Sie als Sparer Anteile eines Investmentfonds kaufen, profitieren Anbieter und Vermittler gleichermaßen: Während die Fondsgesellschaften hauptsächlich von den jährlichen Verwaltungsgebühren leben, klingelt bei den Vermittlern nach jedem erfolgreichen Abschluss die Kasse, weil sie meist den kompletten Ausgabeaufschlag als Provision einstreichen. Die Höhe des Ausgabeaufschlags variiert je nach Fondsgattung und Anbieter und kann bis zu 6 Prozent bei Aktienfonds betragen. Auch bei geschlossenen Fonds sind Ausgabeaufschläge üblich.

Bewertungszahl
Bausparkassen stufen mit dieser Zahl die bisher erbrachte Sparleistung auf einzelnen Bausparverträgen ein. Wird eine bestimmte Zahl erreicht, kann der Vertrag zugeteilt werden.

Courtage
Fachbegriff für eine Provisionszahlung, beispielsweise als Handelsgebühr beim Kauf oder Ver-

kauf von Wertpapieren oder auch in Form der Maklercourtage beim Kauf einer Immobilie.

Derivat

Unter Derivaten versteht man Finanzprodukte, deren Preis sich vom Kurs eines anderen Investments wie etwa einer Aktie, einer Anleihe oder eines Index ableitet. Zumeist sind sie eine Wette auf die zukünftige Entwicklung von Kursen, Zinsen, Preisen oder Indizes. Viele bergen das Risiko des Totalverlustes.

Direktbank

Bank, die keine Filialen betreibt und nur über Telefon oder Internet erreichbar ist.

Dividende

Ausschüttung, mit der eine Aktiengesellschaft oder Genossenschaft ihre Aktionäre beziehungsweise Teilhaber am Unternehmensgewinn beteiligt. Die Höhe der Dividende ist zwar oft, aber nicht zwangsläufig von der Gewinnentwicklung abhängig. Ob und in welcher Höhe eine Dividende an die Aktionäre ausgeschüttet wird, beschließt die jährlich stattfindende Hauptver-

sammlung als oberstes Entscheidungsorgan einer Aktiengesellschaft.

Effektivzins

Der Effektivzins sagt bei einer Geldanlage aus, in welcher Höhe sich Ihr eingesetztes Kapital tatsächlich verzinst. Bei der Kreditaufnahme gibt der Effektivzins die Summe aus dem Nominalzins und den internen und externen Nebenkosten an.

Emittent

Der Herausgeber einer Anleihe oder eines Zertifikats.

ETF

Abkürzung für „Exchange Traded Funds". Fonds, die für den Börsenhandel bestimmt sind und in der Regel einen Index abbilden. Daher werden ETF auch Indexfonds genannt. Sie verzichten im Gegensatz zu aktiv gemanagten Fonds auf ein teures Fondsmanagement.

Fonds

Anlageform, welche die Gelder verschiedener Anleger meist in Aktien oder Anleihen investiert. Durch die breite Streuung auf

verschiedene Märkte ist das Risiko von Kursschwankungen bei Fonds geringer als beim Kauf einzelner Aktien und Anleihen. Weil man sie täglich kaufen und verkaufen kann, werden sie auch als „offene" Fonds bezeichnet. Es gibt aktiv gemanagte Fonds, bei denen ein Fondsmanager die Wertpapiere aussucht, und Indexfonds (ETF), die einfach einem Index folgen. Sie sind pflegeleichter als aktiv gemanagte Fonds.

Fondspolice

Fondspolicen sind fondsgebundene Versicherungen, also zum Beispiel Kapitallebens- oder private Rentenversicherungen, die die Gelder der Versicherten in Fonds investieren. Sie sind mit höheren Risiken verbunden als die klassischen Versicherungsvarianten und weisen hohe Kosten auf. Fondspolicen sind für Anleger, die sich nur nebenbei um ihre Altersvorsorge kümmern möchten, keine gute Wahl.

Geschlossener Fonds

Geschlossene Fonds haben mit den (offenen) Fonds, die Kleinanleger nutzen, nichts zu tun. Sie haben eine sehr lange Laufzeit und lassen sich anders als diese nicht vorzeitig verkaufen. Zudem sind sie teuer und bergen große Risiken.

Index

Um das Auf und Ab eines ganzen Aktienmarktes übersichtlich darstellen zu können, wurden Aktienindizes entwickelt. Hierbei wird die durchschnittliche Entwicklung vieler einzelner Aktien zu einer Kennzahl zusammengefasst. Ein Aktienindex wird ständig anhand der laufenden Kurse der darin enthaltenen Unternehmen neu berechnet. Der deutsche Aktienindex Dax enthält beispielsweise die 30 größten deutschen Unternehmen. Rutscht ein Unternehmen auf Platz 31, wird es durch ein anderes ersetzt.
Es gibt auch Rentenindizes. Sie spiegeln die Entwicklung von Anleihen wider.

Indexfonds
→ ETF.

Investmentfonds
→ Fonds.

Isin

Abkürzung für „International Securities Identification Number", eine Art Bestellnummer für Fonds.

Nennwert

Der Nennwert einer Anleihe ist der Betrag, auf den Zinsen gezahlt werden und den Käufer am Ende der Laufzeit zusammen mit den Zinsen zurückbekommen.

Nominalzins

Bei Geldanlagen ist dies der Zinssatz, der dem Anleger gutgeschrieben oder ausgeschüttet wird. Gebühren und Kursveränderungen bleiben unberücksichtigt. Bei Krediten enthält der Nominalzins nicht die finanziellen Auswirkungen durch unterschiedliche Zeitpunkte der Tilgungsverrechnung.

218Police

Wird häufig synonym für „Versicherung" verwandt. Genauer: der Versicherungsschein, der die Urkunde über einen abgeschlossenen Versicherungsvertrag darstellt.

Postident-Verfahren

Bei manchen Geschäften müssen Unternehmen die Identität oder das Alter ihrer Kunden zweifelsfrei feststellen. Dann kommt das Postident-Verfahren der Deutschen Post zum Einsatz. Direktbanken nutzen es bei einer Kontoeröffnung.

Renten-ETF

ETF, die nicht in Aktien, sondern in Anleihen (auch als „Renten" bezeichnet) investieren.

Thesaurierender Fonds

Wenn in einem Fonds die Dividenden- oder Zinserträge automatisch wieder angelegt werden, spricht man von thesaurierenden Fonds. Der Vorteil: Ähnlich wie bei einer Sparanlage entsteht ein Zinseszinseffekt. Das Gegenstück sind Fonds, die Ausschüttungen an ihre Anleger auszahlen.

Überziehungsprovision

Zusätzlicher Zins, den die Bank erhebt, wenn der Dispokredit auf dem Girokonto überzogen wird.

Wertpapier

Oberbegriff für Aktien, Anleihen, Fonds und Anlagezertifikate.

Zertifikat
→ Anlagezertifikat.

Zuteilung

Der Begriff aus dem Bausparen bedeutet, dass ein Bausparer ab dem Zeitpunkt der Zuteilung das Recht hat, sich zusätzlich zum Guthaben auch das Bauspardarlehen auszahlen zu lassen.

STICHWORTVERZEICHNIS

2., aktualisierte Auflage
© 2018 Stiftung Warentest, Berlin

Stiftung Warentest
Lützowplatz 11–13
10785 Berlin
Telefon 0 30/26 31–0
Fax 0 30/26 31–25 25
www.test.de
email@stiftung-warentest.de

USt-IdNr.: DE136725570

Vorstand: Hubertus Primus
Weitere Mitglieder der Geschäftsleitung:
Dr. Holger Brackemann, Daniel Gläser

Programmleitung: Niclas Dewitz

Autor: Thomas Hammer
Projektleitung/Lektorat: Ursula Rieth
Mitarbeit: Stefanie Proske; Merit Niemeitz,
1. Auflage Karsten Treber
Korrektorat: Christoph Nettersheim

Fachliche Unterstützung: Roland Aulitzky, Kerstin Backofen, Beate-Kathrin Bextermöller, Birgit Brümmel, Michael Bruns, Uwe Döhler, Simeon Gentscheff, Katharina Henrich, Annegret Jende, Peter Knaak, Thomas Krüger, Stephan Kühnlenz, Ariane Lauenburg, Susanne Meunier, Heike Nicodemus, Michael Nischalke, Stephanie Pallasch, Aenne Riesenberg, Jörg Sahr, Anke Scheiber, Ulrike Steckkönig, Marion Weitemeier
Titel, Art Direktion, Layout: Büro Brendel, Berlin
Satz: Anne-Katrin Körbi
Fotografie: Knut Koops, Berlin
Bildnachweis: Florian Brendel 31, 40, 179, 191, 193; shutterstock 60, 98, Titel und Umschlag; Thinkstock 44, 45, 54, 55, 60, 61, 84, 85, 106, 107, 116, 117, 124, 198, 199

Produktion: Vera Göring
Verlagsherstellung: Rita Brosius (Ltg.), Romy Alig, Susanne Beeh
Litho: tiff.any, Berlin
Druck: Media-Print Informationstechnologie GmbH, Paderborn

ISBN: 978-3-86851-294-6

Wir haben für dieses Buch 100 % Recyclingpapier und mineralölfreie Druckfarben verwendet. Stiftung Warentest druckt ausschließlich in Deutschland, weil hier hohe Umweltstandards gelten und kurze Transportwege für geringe CO_2-Emissionen sorgen. Auch die Weiterverarbeitung erfolgt ausschließlich in Deutschland.